应用语言学理论
在大学英语教学中的应用研究

付静 著

中国商业出版社

图书在版编目（CIP）数据

应用语言学理论在大学英语教学中的应用研究 / 付静著 . -- 北京 : 中国商业出版社 , 2022.11
ISBN 978-7-5208-2357-9

Ⅰ . ①应… Ⅱ . ①付… Ⅲ . ①应用语言学－应用－英语－教学研究－高等学校 Ⅳ . ① H319.3

中国版本图书馆 CIP 数据核字 (2022) 第 226766 号

责任编辑：王　静

中国商业出版社出版发行
（www.zgsycb.com 100053 北京广安门内报国寺 1 号）
总编室：010-63180647　编辑室：010-83114579
发行部：010-83120835/8286
新华书店经销
定州启航印刷有限公司印刷
*
710 毫米 ×1000 毫米　16 开　12.25 印张　220 千字
2022 年 11 月第 1 版　2023 年 2 月第 1 次印刷
定价：78.00 元
*　*　*　*

前言 preface

应用语言学是语言学的一个分支，主要是运用语言学的知识来解决其他科学领域与语言相关的问题的学科。它主要关注以下三个层面的研究：从学习者的层面来讲，主要研究学习者的学习特征、学习规律及个性差异；从实践的层面来讲，主要研究教学过程中所采用的方法；从方法论的层面来讲，主要研究教学方法及教学手段。近年来，应用语言学研究将教学实践活动与其他学科有机结合在一起，显示出多元化、多层次的研究趋势，为各学科发展提供了新的研究方向。

本书共分为九章。第一章为大学英语教学概述，主要论述了大学英语教学相关理论、要素、原则及主要流派。第二章为大学英语教学模式与课程建设，主要从陈述式教学在非英语专业教学中的实践、基于听说能力培养的选修课课程建设、英语幽默情景剧在英语实用写作教学中的应用这三个方面展开具体论述。第三章为应用语言学概述，主要论述了应用语言学的概念、发展史及发展趋势等。第四章为应用语言学的核心领域，主要包括二语习得、儿童语言学、心理语言学、社会语言学和语言教学等内容。第五章至第九章为应用语言学在大学英语教学中的应用，主要论述应用语言学在大学英语听力教学、口语教学、阅读教学、写作教学及翻译教学中的具体运用。

本书逻辑框架清楚明了，结构布局合理，语言通俗易懂，内容涵盖面较广。由于编著者水平和经验有限，书中难免存在疏漏，恳请同行专家、学者予以批评指正。

付静

目录 contents

第一章　大学英语教学概述

第一节　大学英语教学的理论

一、语言本质理论

（一）语言功能理论

英国功能语言学派的思想始于弗斯，后来在卡特福德、韩礼德等的研究中得到进一步发展。韩礼德是世界两大主要语言学派之一的系统功能语言学的创始人。他认为，语言是在完成其功能中不断演变的，语言的社会功能一定会影响语言本身的特性。因此，只有通过对语言使用的研究，语言的全部功能和构成意义的所有组成部分才能集中在一起。在《语言结构和语言功能》与《语言功能的探索》中，韩礼德将语言的功能分为微观功能、宏观功能和纯理功能三种功能。

1. 微观功能

微观功能是儿童在学习母语的初级阶段出现的，共有以下七种。

（1）个人功能。个人功能指儿童可以通过语言来表达自己的感情或意义。

例如："I like the doll."。（我喜欢洋娃娃。）

（2）想象功能。想象功能指儿童可以通过语言来创造一个幻想的世界。

例如："Suppose I am mother and you are the father."。（假如我是妈妈，你是爸爸。）

（3）控制功能。控制功能指儿童可以通过语言来控制他人的行为。

例如："Accomplish the goal as I have told you."。（完成我告诉你的目标。）

（4）启发功能。启发功能指儿童可以通过语言来认识周围的世界，学习和发现问题。

例如："Tell me why..."。（告诉我为什么……）

（5）相互关系功能。相互关系功能指儿童可以通过语言与他人交往。

例如："Me and you."。（你和我。）

（6）工具功能。工具功能指儿童可以通过语言来取物。

例如："I want..."。（我想……）

（7）信息功能。信息功能指 18 个月大的儿童可以通过语言向别人传递信息。信息功能是在儿童成长后期掌握的。

例如："What time is it? It's ten o'clock."。（现在几点了？现在十点了。）

需要指出的是，在儿童语言中，一句话只有一种功能而不会出现多种功能。随着儿童语言逐渐向成人语言靠拢，功能范围逐渐缩减，这些微观功能就让位于宏观功能。

2. 宏观功能

相较于微观功能，宏观功能含义丰富而抽象。韩礼德认为，宏观功能可分为两种：理性功能和实用功能。

（1）理性功能。理性功能主要指的是儿童把语言用作观察事物和学习知识的一种途径。这个功能由早期儿童语言的个人功能、启发功能等微观功能演变而来。

（2）实用功能。实用功能主要指的是儿童把语言作为做事的手段。实用功能产生于早期儿童语言的工具功能、控制功能等微观功能。

3. 纯理功能

韩礼德指出，语言的本质与我们对它的要求和它所完成的功能有紧密的联系，所有的文化都会在语言中反映出这些功能。我们可以把其归纳为若干有限的抽象功能，这就是"纯理功能"或称"元功能"。这是各种语言所固有的功能，它们是高度概括的概念，在语言中难以找到相应的形式项。纯理功能包括以下三个方面。

（1）人际功能。人际功能指语言可以用来说明讲话者的一系列信息，如讲话者的说话态度、说话动机等。在交际过程中，讲话者根据个人主观因素来改变自己的态度与立场。但无论如何改变，交际的基本任务只有两个：给予和求取。给予就是向他人传递信息，求取就是索要自己想要得到的。

（2）概念功能。概念功能就是人们在现实世界中的经历与经验，其中包含了各种不一样的因素，如参与者、时间、地点等。概念功能是为了传递信息，与听话者交流其所不知道的内容。换言之，语言是用来组织使用者对现实世界和抽象世界经验的一种方式。语言代表着动作、事件、人和物等。概念功能主要由及物性、归一性和语态得到体现。

（3）语篇功能。语篇功能指依据不同的意义层次划分语言，再利用其组成语篇的功能。该功能涉及语言的主位与述位，主位作为信息的起点，其结构由主位与述位共同构成。主位可分成三大类：①单项主位，表示只包含概念功能的主位；②复项主位，该类主位由多种语义成分构成；③句项主位，这类主位由于一般只具有概念成分，因此本质上也属于单项主位。

在如何看待语言本质的问题上，韩礼德对语言功能的论述为我们提供了一个全新的视角，推进了语言学界对语言的理解。后来的交际法教学流派（又称“功能—意念教学流派”）就是以韩礼德的语言功能理论为基础建立起来的。

（二）交际能力理论

乔姆斯基在《句法理论面面观》中把“能力”和“表现”两个概念引入了语言学的研究。按照乔姆斯基的解释，说话人、听话人的语言知识就是“能力”，而具体情景中语言的实际使用即为“表现”。许多学者都对“能力”提出了自己的看法，其中最具代表性的是美国社会语言学家戴尔·海姆斯提出的“交际能力”的概念。此外，迈克尔·卡纳尔和美林·斯温也对交际能力做过较为详细的论述。

1. 戴尔·海姆斯的交际能力理论

海姆斯从语言的社会交际功能出发，探讨语言使用者和语言使用的理论。在海姆斯看来，乔姆斯基“能力”概念的不足之处在于没有系统地考虑人们在社交中对语言的恰当运用。为此，海姆斯提出了“交际能力”的概念以示区别。海姆斯认为，一个人的交际能力是一个综合的概念，除语法知识和语言能力外，还包括心理、社会文化和使用概率等方面。换句话说，如果一个人能获得交际能力，那他就应该知道怎样进行社会交际，对什么人、在什么场合和什么时间、用什么方式讲些什么话和不讲什么话。因此，交际能力应包括以下四个方面的内容。

（1）能识辨、组织合乎语法的句子，即懂得形式上的可能性。例如，知道“He like sing a song.”这种说法是错误的，并能说出或写出“He likes sing a song.”这种对的句子。

（2）能判断语言形式的可行性。比如，知道“The girl who is cute is the daughter of my aunt.”是合乎语法的，但几乎没有人会这样讲，即不可行。人们通常会这样表达：“The cute girl is my aunt’s daughter.”。

（3）能在交际中得体地使用语言。有些话虽然语法上是正确的，实施上也是可行的，但在语境上却不得体。例如，“How do you do?”“How are you?”这两句话都是正确无误的。

A：How do you do?

B：How are you?

对话中 A 表达的是对陌生人首次见面的问候，是得体的形式。B 的回应则是不得体的，与语境不适宜。

（4）知道某些话语实际上是否可以说出来。有些话语形式上是正确的，也是可行的和得体的，但在现实生活中，却没有人会那样说。例如，在表达“现在是两点半”这一意思时，一般都说“It' s half past two. ”，而不是说“It' s two half.”。虽然后者并没有语法错误，但是在现实生活中，人们不这么说。

海姆斯交际能力的理论在语言学界和应用语言学界影响巨大，它直接影响到外语教学目标的制定。

2. 迈克尔·卡纳尔和美林·斯温对交际能力的分析

卡纳尔和斯温在《第二语言教学和测试交际法的理论基础》一文中论述了交际能力的组成。在他们看来，交际能力包括以下四个方面的能力。

（1）语法能力。所谓语法能力就是语音、词汇和语法等知识。卡纳尔和斯温的“语法能力”与乔姆斯基所说的“语言能力”或海姆斯所指的“形式上的可能性”没有区别。

（2）社会语言能力。众所周知，说话人在不同的环境中总是以一定的社会身份出现。环境不同，身份不同，使用的语体与言语也不同。因此，社会语言能力是一个人在一定的社会情景下得体使用语言的能力，即在不同的语境下使用不同的语体和不同的言语来达到不同交际目的的能力。此外，使用言语功能的能力也是社会语言能力的内容。言语功能包括工具功能、指称功能、个人功能、保持接触功能、想象功能、语境功能、元语言功能等。

（3）篇章能力。篇章能力是指能够依据一定的上下文理解句子之间的关系和句子的意义并能组句成篇的能力。比如，“那个人是从北京来的”这句话，可以在不同的语境或上下文中表达建议、暗示、鼓励、警告等不同的意义。

（4）策略能力。策略能力也称“补偿能力”，是一种运用语言或非语言手段达到交际目的的能力。具体来说，就是在交际中懂得怎样开始谈话，进行谈话，承接、转换话题和结束谈话的能力。

按照卡纳尔和斯温的观点，由于交际能力是由上述四种能力组成的，因此语言教学应当着重培养这四种基本能力。

（三）言语行为理论

20 世纪 50 年代，牛津大学哲学家约翰·郎肖·奥斯汀创立了言语行为理论。

后来，美国哲学家约翰·塞尔对奥斯汀的理论进行了改良，使之发展为一种解释人类语言交际的理论。

言语行为理论对语言教学起到了积极的促进作用，为意念大纲的产生提供了理论基础。在语言教学与大纲设计中，言语行为被称为“功能”或“语言功能”。

1. 奥斯汀的言语行为理论

奥斯汀将话语分为表述句和施为句两大类别。在此基础上，他还提出了言语行为三分说。

（1）表述句与施为句。表述句是用来描写、报道或陈述某一客观存在的事态或事实的句子。表述句可以验证，并且具有真假值。

例如：“John is lying in bed.”。（约翰正躺在床上。）

如果 John 确实在床上躺着，这句话就为真；否则就为假。

施为句是用来创造一个新的事态以改变世界状况的句子。施为句不可以验证，也不具有真假值。

例如：“I call the toy horse Spirit.”。（我把这个玩具马命名为“精神”。）

这个句子既无法验证，也无法判断真假。这个句子的意义在于给玩具马命名，即给客观环境带来了改变。

可见，表述句与施为句的最大区别在于，表述句以言指事、以言叙事，而施为句以言行事、以言施事。

（2）言语行为三分说。奥斯汀发现了表述句与施为句两分法的不足之处并修正了自己的观点，提出了更为成熟的言语行为三分说。他将言语行为分为以下三个层次。

①以言指事行为，即移动发音器官，发出话语，并按规则将它们排列成词、句子。它是通常意义上的行为。

②以言行事行为，即通过说话来实施一种行为或做事。它是表明说话人意图的行为，我们可以将以言行事行为简称为“语力”。奥斯汀将以言行事行为分为评价行为类、施权行为类、承诺行为类、论理行为类、表态行为类五个类别。

③以言成事行为，即以言取效行为。它指说话带来的后果。需要说明的是，以言成事行为或以言取效行为只是用来指一句话导致的结果，不论结果如何都跟说话人的意图无关。

2. 塞尔的言语行为理论

塞尔的主要贡献是改进了奥斯汀对以言行事行为的分类，并提出了间接言语行为理论。

（1）塞尔对以言行事行为重新分类，将其行为分为以下五类。

①承诺类：表示说话人对未来的行为做出不同程度的承诺。此类行为的动词包括 pledge，threaten，undertake，offer，refuse，guarantee，promise，commit 等。

②表达类：表达说话人的某种心理状态。此类行为动词包括 congratulate，apologize，welcome，thank，deplore，condole，regret 等。

③断言类：表示说话人对某事做出真假判断或一定程度的表态。此类行为的动词包括 state，assert，affirm，remind，inform，declare，claim 等。

④宣告类：表示说话人所表达的命题内容与客观现实之间的一致。此类行为的动词包括 name，nominate，announce，appoint，declare，bless，resign 等。

⑤指令类：表示说话人不同程度地指使或命令听话人去做某事。此类行为的动词包括 ask，request，demand，invite，order，advise，propose，suggest 等。

塞尔的重新分类具有很强的科学性，直到今天仍在使用。

（2）间接言语行为理论。所谓间接言语行为就是通过实施另一行为而间接得以实施的言语行为。

例如："Can you pass the bag for me?"。（你能把这个包递给我吗？）

这种言语行为虽然表面上在进行"询问"，但实际上表达的是一种"请求"行为，即"请求"是通过"询问"间接实施的。

塞尔进一步将间接言语行为分为规约性间接言语行为和非规约性间接言语行为两个类别。规约性间接言语行为通常出于对听话人的礼貌，且根据话语的句法形式可立即推断出其语用用意。而非规约性间接言语行为往往比较复杂，需要更多地依靠交际双方共知的语言信息与所处的语境进行推断。

二、语言学习理论

（一）行为主义学习理论

行为主义学习理论来源于俄国生理学家伊万·巴甫洛夫的"条件反射"概念。"条件反射"指在特定的条件下，通过重复性的反射作用使动物的某种习惯得到强化，并逐步地固定下来。受这一概念所揭示的生理机制的启发，人们开始分别从实验及理论两个方面探讨儿童学习语言的过程。研究发现，儿童学习语言的过程也是一个不间断的"刺激—反应"的过程，即儿童是在不断地与各种事物"刺激—反应"的过程中逐步掌握自己的母语的。

20世纪初，美国心理学家约翰·布鲁德斯·华生创立了行为主义学习理论。华生主张用客观的方法研究可以直接观察到的行为。在华生看来，动物和人的一切复杂行为都是在环境的影响下由学习而获得的，且都存在一个共同因素，即刺激和反应。由此，他提出“刺激—反应”这一著名的行为主义心理学公式。

美国学者斯金纳继承和发展了华生的理论，并于1957年发表了《言语行为》一书，提出了行为主义关于言语行为系统的看法。

在斯金纳看来，人们的言语、言语的每一部分都是由于某种刺激而产生的，刺激既包括言语的刺激也包括外部的刺激或者内部的刺激。反复刺激所产生的强化效果可以使人们学会使用与其语言社区相适应的语言形式。因此，“重复”在学习过程中也有不容忽视的作用。

行为主义学习理论在现行的教育机制中仍然发挥着重要作用。例如，学生可能为了避免某种惩罚而停止某种行为，也可能因为受到表扬而继续某种行为。因此，教师可以通过某种干预改变学生的行为，帮助学生学习知识、发展技能。另外，使学习者不间断地接触语言素材也客观地体现了行为主义学习理论。

（二）心灵主义学习理论

1. 艾弗拉姆·诺姆·乔姆斯基的普遍语法假设

艾弗拉姆·诺姆·乔姆斯基（Avram Noam Chomsky）是心灵主义习得理论的代表人物之一。在乔姆斯基看来，儿童在学习母语的过程中所接触到的语言输入是有限的，儿童不可能根据这些数量有限的句子通过归纳、推理、概括而获得母语使用能力，即行为主义学习理论无法回答儿童怎样获得母语能力的问题。为此，他提出了普遍语法假设。

乔姆斯基认为，人类有一个与生俱来植于大脑里的所谓语言习得机制或普遍语法。语言输入人脑就创立了一种语言知识，这种语言知识包括原则、参数和词汇。外语环境和语言输入只有激活语言习得机制的作用。

乔姆斯基的这种假设至今未能通过解剖的方法加以证实，学者们对此也是褒贬不一。尽管如此，对乔姆斯基的普遍语法理论进行深入的探讨会有助于揭示语言习得的奥秘，至少从普遍语法的角度研究语言习得会给我们一个新的视角。

2. 克拉申的监察模式

美国语言学家斯蒂芬·克拉申提出了旨在解释第二语言（或外语）是如何习得的外语教学理论，即监察模式。该理论包括以下五个部分。

（1）习得—学习假设。克拉申认为，习得与学习是培养外语能力的两种途径。“习得”是学习者在无意识的状态下掌握语言能力的过程，是一种类似于小孩子学习母语的过程。“学习”则是学习者通过课堂学习等方式有意识地掌握语言语法规则的过程。习得与学习的区别如表 1-1 所示。

表 1–1　习得与学习的区别

习　得	学　习
内化隐含的语言规则	获得明示的语言知识
正式学习无助于习得	正式学习有助于语言知识获得

克拉申认为，语言学习只能监控和修正语言，却不能发展交际能力，外语应该通过习得来获取。另外，习得能够发展交际能力。

（2）自然顺序假设。克拉申认为，一种语言的语法规则或结构是按一定的、可以预知的顺序习得的，这种情况也适用于第二语言（外语）的学习。

（3）输入假设。在克拉申看来，理想的输入应具备以下四个特点。

首先，应具有足够的输入“i+1”。“i+1”是克拉申提出的公式。其中，“i”代表习得者现有的水平，“+1”表示语言材料应略高于习得者目前的语言水平。这意味着只要习得者能理解输入的材料，且达到了一定的量，就意味着这种输入已经有了自动性。

其次，应具有可理解性。输入的语言必须可以理解，可理解的语言输入是语言习得的必要条件。不可理解的输入对学习者不仅无用，还会损害学生学习的积极性。

再次，应既有趣又有关联。趣味性与关联性可以增强语言习得的效果。

最后，应按照非语法程序安排。在学生语言习得的过程中，教师不必按语法程序安排教学活动，重要的是要有足够的可理解的输入。

按照克拉申的外语教学理论，进行外语教学时教师应尽量向学生提供可理解的语言输入，应使用一切手段增加语言输入的可理解性。

（4）监察假设。克拉申认为，有意识的学习（知识或规则）只能起到监察的作用。这种监察作用可以发生在写或说之前或之后。

（5）情感过滤假设。情感指学习者的动机、需求、信心、忧虑程度及情感状态。这些情感因素会对语言的输入起到促进或阻碍作用，因而又被视为可调节的过滤器。

根据情感过滤假设，外语学习者积极的情感态度有助于更多地输入目的语，而消极的情感态度则会过滤掉很多目的语。因此，教师应避免给学生施加压力，要努力创造一个轻松愉快、自由自在的学习气氛。

（三）认知主义学习理论

20世纪前半个世纪，行为主义学习理论占主导地位。但是，行为主义把人的所有思维都看作是由“刺激—反应”间的联结形成的，没有考虑人的意识问题，越来越多的学者对行为主义产生不满。在这种情况下，认知主义学习理论得以发展起来。认知主义强调学习是通过对情境的领悟或认知而形成认知结构来实现的，主张研究学习的内部条件和内部过程。

认知主义学习理论的主要代表观点有沃尔夫冈·苛勒的顿悟说、让·皮亚杰的发生认识论、杰罗姆·西摩·布鲁纳的发现学习理论以及戴维·保罗·奥苏贝尔（David Pawl Ausubel）的认知同化学习理论。

1. 沃尔夫冈·苛勒的顿悟说

德国心理学家苛勒是格式塔心理学的创始人之一。格式塔是德文“整体”的音译，其含义是完形，指被分离的整体或组织结构。格式塔理论认为，在学习中要解决问题，必须对情境中事物的关系加以理解，从而构成一种完形，使学习得以实现。苛勒以格式塔理论为基础，在《人猿的智慧》一书中提出了顿悟说。顿悟说有以下两个主要观点。

（1）学习不是刺激与反应的简单联结，而是通过有目的的、主动的了解和顿悟而组织起来的一种完形。

（2）学习不是通过尝试错误来实现的，而是由顿悟来实现的。

2. 让·皮亚杰的发生认识论

皮亚杰是瑞士心理学家，他的理论核心是发生认识论，主要研究人类的认识，具体来说包括概念、推理、注意、记忆、表象、决策、语言、感知觉、问题解决、认知发展和人工智能等。

在皮亚杰看来，无论一个人的知识多么高深、复杂，都可以追溯到他的童年，甚至是胚胎时期。人出生以后如何形成认识、发展思维，受哪些因素制约，各种不同水平的智力及思维结构是如何先后出现的等问题都值得研究。因此，他将自己的研究集中在认知发展的阶段性和认知发展的机制两个问题上。

皮亚杰将原先无法探测的大脑活动过程抽象为可以直接观察的心理模型，通过客观方法研究更加高级和复杂的认知活动，使人类对自身的认识向前推进了一大步。

3. 杰罗姆·西摩·布鲁纳的发现学习理论

布鲁纳的发现学习理论认为，学习的实质在于主动形成认知结构。认知结构是用来感知和概括新事物的一般方式。它是在过去经验的基础上形成的，并在学习过程中不断变动，是进一步学习和理解新知识的重要内部因素和基础。

布鲁纳将学习分为知识的获得、转化和评价三个几乎同时发生的过程。学习任何一门学科都有一连串的新知识，每一种知识的学习都要经过获得、转化和评价，因此，发现学习法是最佳的学习方式。所谓发现学习法就是以学生为中心，以教师激发学生的学习兴趣和学习动机为前提，以引导学生进行观察、分析、归纳等逻辑思维活动为方式，以培养学生独立分析问题和解决问题的能力为目的的一种学习方法和教学方法。发现学习理论是布鲁纳对学习论和教学论的结合做出的一大贡献。

4. 戴维·保罗·奥苏贝尔的认知同化学习理论

奥苏贝尔对学习进行了如下两个维度的划分。

（1）按学习进行的方式将学习分为接受学习与发现学习。接受学习是指将学习的主要内容以定论的形式传授给学生。发现学习与接受学习不同，不是将学习内容现成地给予学生，而是安排学生自己去发现这些内容，然后再内化到认知结构中去。

（2）根据学习材料与学习者原有知识结构的关系将学习分为机械学习与有意义学习。机械学习是指学生虽然记住某些符号的词句或组合却不能理解符号所代表的知识。而有意义学习是指将符号所代表的新知识与学生认知结构中已有的适当观念建立起非人为的和实质性的联系。

两个维度的结合可将学习分为四种类型，即有意义的接受学习、有意义的发现学习、机械的接受学习与机械的发现学习。在奥苏贝尔看来，有意义的接受学习可以在短时期内使学生获得大量的系统知识，是教学的首要目标。

奥苏贝尔还提出，有意义学习的过程就是原有观念对新观念加以同化的过程。同化有以下三种方式。

（1）总括学习。总括学习（又称“上位学习”）指在若干已有的从属观念的基础上归纳出一个总观念。

（2）类属学习。类属学习（又称“下位学习”）指把新观念（从属观念）适当归入原有观念（总观念）并在二者之间建立联系。

（3）并列结合学习。并列结合学习指新知识与旧知识具有某种共同的属性，故可以被原有的知识同化，获得意义。

需要注意的是，在有意义学习后，同化过程并没有结束，必须不断对知识进行改组与重新结合，才能习得并保持知识。

第二节　大学英语教学的要素

大学英语教学的要素主要包括教师、学生、教学内容、教学媒体和教学环境五个方面。

一、教师

在培养英语人才的过程中，英语教学是一种十分重要的手段，教师的作用不容忽视。在我国，英语教师大部分是在中国文化中成长与学习的，虽然他们是英语知识的传授者，但是这也不能改变其汉语文化传播者的重要角色。换句话说，中国英语教师使用汉语的程度和受汉语文化影响的程度要远远大于其使用英语和受英语文化影响的程度。因此，我国英语教师应该扮演的是中国文化角色，对于英语文化来说，中国英语教师只是“局外人”（outsider）。[①] 在新的时代背景下，使用英语宣传与教授中国优秀的本土文化，也是英语教学的基本要求。因此，英语教师不能只教授英语国家的文化，还应该熟知汉语和英语两种文化。

英语教师若想进行英语教学，就需要对英语文化有所了解。在教学过程中，教师的英语文化思维得到锻炼，从而成为英语文化的伴随者。从根本上说，英语教师与学生相比，其英语文化感悟力与理解力会相对较高，但难以达到以英语为母语者的水平。对于学生来说，教师的言行举止会被学生看作英语文化的

① 余小敏．大学英语有效课堂教学的基本要素 [J]. 吉林广播电视大学学报，2017（02）：48–49，52.

反映，教师承担着英语知识传授者与文化伴随者的角色。因此，英语教师是英语文化教学和学习的重要参与者，而不是一个完全的英语文化“局外人”。换句话说，英语文化的伴随者是跨文化英语教学中教师的角色。

在具体的教学过程中，教师应该认识到自己所承担的汉语文化传播者和英语文化伴随者的角色，并且不能割裂这两种角色的关系。这两种角色是相互伴随、共同发展的。值得特别说明的是，汉语文化传播者的角色是主要的、永久的，而英语文化伴随者的角色则是次要的、暂时的。同时，这两种角色都具有一定的动态性，因此英语教师的角色并不是这两种角色的叠加，而是在具体的语言环境、生活环境中不断变化的。①

英语教师需要认识到自身的特殊角色，并能够在具体的情况下适时调整与切换文化角色，从而使学生更好地认识英语文化，并深入了解中国文化。

总之，教师作为大学英语教学体系中的关键要素之一，需要时刻注意更新自己的知识体系，掌握最新的教学理念，平衡教学各个要素之间的关系，如此才能在教学实践中顺利实现所设定的教学目标。

（一）更新教学理念

1. 调整教学目标

当今社会需要让学生更加深刻地认识本土文化，同时提升人才的国际竞争力，扩大人才的国际视野。从这个角度出发，英语教学目标应注重培养学生的跨文化意识与能力，具体涉及以下四个方面。

（1）能力目标。能力目标是指听、说、读、写的能力以及运用英语进行交际的能力。

（2）知识目标。知识目标主要包括语音、词汇、语法等方面的知识。

（3）情感目标。情感目标是指培养学生尊重英语文化，并引导学生感受中国文化的独特性。

（4）文化目标。文化目标是指提高学生的跨文化意识，使其更好地理解中西方文化的差异性。

2. 转变教学主体

传统英语教学中的教师是课堂的主宰，学生在学习过程中没有过多的思考与分析。这种教学方式挫伤了学生的学习积极性，学生所掌握的英语知识也并

① 彭北萍．大学英语教师的职业素养[J]. 中国校外教育，2016（10）：43，45.

不牢固。长此以往，学生的语言应用能力便得不到提升。因此，教师要真正以学生为主体安排教学活动，让学生居于文化教学和英语教学的中心地位。教师也要认识到自身角色的转变，更好地为学生的英语学习服务，做好教学的指导者。在这种转变下，学生会认识到自身的重要性，从而转变学习态度，以更加积极的姿态进行英语学习。

（二）平衡教学关系

1. 教与学的关系

英语教学的过程包括教与学两个方面，教师应该平衡二者的关系，使二者相互促进、相互配合。

（1）能动关系。所谓能动关系，是指为了取得最优的教学效果，使教学关系处于和谐状态，应充分调动学生学习文化知识的主动性和教师教学的积极性。

（2）教与练的关系。英语课程具有较强的实践性、知识性与应用性，这就要求教师采取各种方式方法使学生在听、说、读、写、译等方面进行大量训练。因此，教师首先需要对教材进行了解和研究，并以此为基础组织和设计教学内容。

2. 课内外教学的关系

从教学实践的角度来看，学生的课堂学习时间是有限的。此外，英语国家文化具有复杂与广泛的特征，因此安排学生借助课外时间进行自学就显得十分必要。为增加学生的知识，教师可以利用课外时间组织学生开展多种形式的活动。例如，教师可以鼓励学生上网浏览查询相关英语国家文化知识，在课外有目的地阅读一些英文报刊。

二、学生

在英语教学体系中，学生同样是其中的关键要素之一。学生作为知识的吸收者，是教师传授知识的对象，其知识水平的提高与否将决定着整体教学质量的好坏。因此，教师需要了解影响学生学习的各种因素，从而针对学生在学习过程中由于学习因素的影响而导致的学习困难采取合理的解决办法，促进他们自身知识水平的有效提升。

一般而言，影响语言学习的内在因素包含智力因素与非智力因素两大层面。[①] 其中，智力因素包含记忆、知觉、推理等层面，并且以抽象思维能力作为核心。非智力因素包含自我效能感、学习风格、学习动机等，这些因素对于激发学生学习语言的积极性、主动性以及挖掘学生的自我潜能等有着重要的意义。同时，学生的非智力因素是语言学习中最主要、最直接的因素，下面主要对这些非智力因素展开分析。

（一）自我效能感

阿尔伯特·班杜拉（Albert Bandura）是知名的社会学习理论的创始人，自我效能理论就是由他提出的。概括来说，自我效能感具有以下两大功能。

（1）影响人们的情感反应、思维模式，继而对人们习得新的行为带来影响。如果个体拥有的自我效能感越高，那么他就越能清晰地认识自身与环境的关系，如何完成任务、解决困难将成为他关注的焦点；相反，如果个体拥有的自我效能感越低，那么那些不利的后果或者曾经的失败就越会吸引他的注意力，这不仅会带来过大的心理压力，还会对自身已有的行为能力带来阻碍。

（2）影响、决定人们的选择和对选择的坚持程度。自我效能高的个体常选择具有较高的突破性与挑战性的项目，并以最大的努力和坚定的信念迎接遇到的困难，直到取得成功。相反，自我效能感低的个体常选择难度较低、缺乏挑战性的项目，遇到困难时常采取听之任之或逃避的态度，不仅难以完成任务，有时甚至会对项目丧失信心。

总之，自我效能感对语言学习有着极大的影响作用，主要通过以下两个层面来体现。

首先，对学生语言学习策略的选择产生影响。对那些可以自我控制的环境，学生可以做出选择，然而对那些不能控制的环境，学生很难进行选择，有时甚至会主动规避。对同一项语言学习任务而言，学生常常依靠自我效能感来调节、控制有效与无效的学习策略的选择。

其次，对学生运用语言学习策略的动机产生影响。班杜拉认为，要想让学生产生学习的动机，必须让他们认为有能力胜任某项学习任务，这就离不开强大的自我效能感。当学生的自我效能感较低时，他们对恰当的学习策略持拒绝态度，通常不愿意尝试，有的甚至避而远之。不难发现，对学生的学习动机来说，

① 郑晓凤，张健. 基于教育生态理论的大学英语教学改革要素研究 [J]. 科技资讯，2018，16（10）：198，201.

自我效能感的作用不容忽视。

（二）学习风格

在语言学习的过程中，学习风格发挥着十分重要的作用。

1. 学习风格的定义

很多学者对学习风格进行了界定。帕斯克（Pask）指出："在学习过程中，学习风格是学生倾向于采用某类学习策略的方式。"① 丽塔·邓恩（Rita Dunn）认为，学习风格主要是学生对于新知识进行记忆和掌握时所呈现出来的一种方式。我国学者谭顶良先生也指出："学习风格对于学生而言具有持久性，是学生的一种个性化学习方式，同时是学习策略和学习倾向的统一体。"②

2. 学习风格的种类

概括来说，学习风格可以按照以下标准进行划分。

（1）以认知方式为标准。根据认知方式，学习风格可以分为以下几种。

第一，以学生接受信息的方式划分为整体型与细节型。整体型学生具有较高的直觉性和模糊性，善于从全面、整体的角度解决问题，但准确性与深刻性较低，遇到学习困难时会从他人处寻求帮助。细节型学生从细节上着手分析和思考，善于对具体信息进行把握和记忆，进而发现不同实体间的差异性，理解具体信息时常采取精细的形式，遇到问题时会将其切分成细节来理解。

第二，以学生对自身情况是否依赖划分为场依赖型与场独立型。场依赖型学生习惯于从整体上进行思考，由于易受外界干扰，常常离不开教师或其他学生的帮助。此外，场依赖型学生也不善于独立地思考和解决问题。相比较而言，场独立型学生善于独立思考和解决问题，通常不需要教师和他人的帮助，也不会受到外界干扰。实际上，无论是场依赖型还是场独立型，二者都是截然不同的信息处理倾向，大多数学生的状态都是介于二者之间的。

第三，以学生处理左右脑信息的强弱划分为左脑主导型与右脑主导型。左脑主导型学生擅长逻辑分析，更加关注细节信息，取得的学习效果通常比较理想；右脑主导型学生十分确信自己的直觉，习惯抓主旨大意，灵活性较强。

（2）以个性特点为标准。按照个性特点的不同，学习风格可以划分为以

① 胡继渊，沈正元，张玉昆. 中外学习风格研究现状综述 [J]. 外国中小学教育，1999（03）：16-20.

② 谭顶良 . 学习风格论 [M]. 南京：江苏教育出版社，1995：322-359.

下几种类型。

第一，开放型与封闭型。开放型学生不受实践和规则的限制，习惯顺其自然。他们善于收集和总结外部信息，而且常常在收集足够的资料之后才会得出结论，属于发现式的学习。封闭型学生希望能够得到明确的指令和解释，不能接受模糊式学习，因此他们习惯制订计划，并且在规定的期限之内完成任务。

第二，外向型与内向型。外向型学生兴趣广泛，善于交往，在课堂上能够积极参与讨论、回答问题。一旦有接触英语的机会，他们会克服困难，勇敢表达自己的思想。内向型学生兴趣较少，善于独处，比较惧怕学习过程中遇到的问题，在课堂上不愿意参与问题的讨论，更习惯独立思考问题。

第三，直接型与程序型。直接型学生习惯于从推测或抽象思维的视角发现事物的规律。程序型学生善于严格按照指令做事，常常从传统记忆的角度发现事物的规律。

（3）以感知方式为标准。不同的学生具有不同的感知偏好，因此在学习过程中，学生必然会运用到感知方式。按照感知方式的不同，学习风格通常可以分为以下三个类别。

第一，动觉型学生主要采取实践学习的方式。[①] 具体来说，学生主要在实践过程中获取新的知识和信息。在亲身的实践过程中，这类学生能体会到无限的快乐，而且他们习惯于挑战性的活动，并愿意去执行计划。

第二，听觉型学生主要通过耳朵进行学习。因此，他们不擅长书面表达，而是更习惯于教师的口头传授。

第三，视觉型学生主要运用眼睛进行学习。所以，他们不习惯口头传授的形式，而是更习惯于教师利用板书或者多媒体工具展开教学。

3. 学习风格对语言学习的影响

学习风格无论对于英语教学还是英语学习都有着重要的影响。对教师来说，了解学生的学习风格有利于对他们进行正确的指导，具体可从三个方面入手：帮助学生了解自身优势，形成全面、系统的学习风格；帮助学生判断自身的学习策略，确定这些策略是否具有合理性；在教学组织和教学安排中，兼顾每一位学生的需求，从而有效激励学生进行语言学习。

对学生来说，了解自身的学习风格有利于找到适合自己的学习策略，使自

① 周立华. 大学英语教学中教学信念和教学效能研究 [J]. 科教文汇，2015（30）：173-174.

己更加主动地观察他人的学习策略，逐步拓宽自己的学习路径；使自己更关注自己的学习进程，找到学习进程中存在的缺陷。

（三）学习动机

对于学生的语言学习来说，学习动机具有十分重要的影响。如果学习动机较弱，那么学生就没有太大的积极性，学习效果也较差。相反，如果学习动机较为强烈，那么学生的学习目标通常比较明确，学习效果也比较理想。

1. 学习动机的定义

埃利斯认为："学习动机是学生从自身的需要和愿望出发在外语习得中付出的努力。"[①] 加德纳与麦金泰尔认为："学习动机是努力的付出和达到目标的愿望，以及对语言学习的积极态度的集合。"[②] 文秋芳认为："学习动机可以被认为是学生学习英语的原因和目的。"[③] 何兆熊与梅德明认为："学习动机是学生的总目标和方向。"[④]

2. 学习动机的分类

学习动机通常可进行以下分类。

（1）内在动机与外在动机。根据认知心理学的理论，学习动机可以分为内在动机和外在动机两大类。内在动机是指英语学习本身能够激发出学生对英语学习的兴趣；外在动机是指学生由于受到外在因素的影响而不得不学习英语。

（2）表层动机与深层动机。根据"刺激—反应"理论，学习动机可以划分为表层动机与深层动机两大类。表层动机是指为了高薪金、文凭、好的工作等物质层面的需要而产生的动力；深层动机是指学生为了兴趣、知识等深层次的、非物质层面的需要而产生的动力。

3. 学习动机对语言学习的影响

学习动机是学生语言学习是否成功的重要动因，因此对于英语学习是十分必要的。学生应该将自身的学习动机激发出来，从而调动自身的学习积极性。

---

①E R. The Study of Second Language Acquisition[Ml. Oxford: Oxford University Press, 1994: 715.

②GARDNER R.C, MACINTYRE P D.Astudent's Contributions to Second Language Learning[J].Language Teaching, 1993, 26 (01): 1-11.

③ 文秋芳 . 英语学习策略论 [M]. 上海：上海外语教育出版社，1996：174.

④ 何兆熊，梅德明 . 现代语言学 [M]. 北京：外语教学与研究出版社，1999：280.

三、教学内容

这些年来，从《大学英语教学大纲》到《大学英语课程教学要求》，我国大学英语教育教学政策不断更新。《大学英语教学大纲》在1980年发布后又分别于1985年、1999年进行了两次修订；《大学英语课程教学要求》发布于2004年，2007年进行了修订。随着政策的变化，大学英语教材建设不断升级，优质教材不断涌现，教材建设在教材形式的开发、教学内容的编写、教学理念的普及和任课教师的培训等方面都发挥了积极的作用。

根据《大学英语课程教学要求》（2007年修订），“大学英语的教学目标是培养学生的英语综合应用能力，特别是听说能力，使他们在今后学习、工作和社会交往中能用英语有效地进行交际，同时增强其自主学习能力，提高综合文化素养，以适应我国社会发展和国际交流的需要”。可见，大学英语课程的教学内容主要包括英语语言知识、听说读写译的技能以及英语文化知识和跨文化交际技能。

随着基于计算机和课堂的大学英语教学模式的普及，大学英语教学内容在教材载体上不断更新升级，除了传统的纸质教材外，学生还可以在学校网络自主学习中心学习，也可以使用手机、iPad等新媒介自主学习，充分利用国内外优质的开放教学资源。多元化的教学资源突破了传统纸质教材的局限性，立体化、数字化（如网络在线学习系统等）的教材体系为大学英语教学提供了题材广泛、形式多样的教学材料，很好地满足了新媒介时代学生的个性化学习需求。同时，除了选用高水平优质教材，各高校纷纷开发校本特色教材，建设数字化校本教学资源，以满足学生个性化学习中对语言教学材料真实性和学习环境的需求，以及学生对多模态教学的需要和日益增长的跨文化交流需要。

大学英语教学内容与时俱进，除了传统的读写能力，文化素养也成为大学英语教学中不可或缺的内容。在新媒介时代，即便是读写能力，在内涵上也发生了巨大的变化。现在的读写能力不仅仅是指使用正确，还指能够更加充分和全面地交流与表达意义，体现了对交流更加广义的理解以及更加积极的学习方法。以写作学习为例，过去的学生写作练习是要一笔一画地写在本子上的，如果写错了要改动很不方便；现在则大不相同了，学生不仅可以很容易地反复对文本进行修改，还可以利用Office Word等文字处理系统的拼写检查、语法识别提示和自动修改功能协助书写。过去，优秀的英语学习者有坚持用英语写日记或者周记的好习惯；而现在的泛在式学习使学生可以通过手机短信、E-mail、QQ、微博、微信等社交软件随时随地写作、交流互动，另外，现在的写作也更加口语化、非正式化，经常使用缩写、情绪符号等。也就是说，数字化、可视化极大地丰富了文字表达的形式和内涵，集成性视听文本（如微信）在青年学生中广为流行。现在的书面课文通常都配有数字化的在线多模态文本，除了与纸质课文相配套的在线文字形式，经常还有音频、视频等辅助学习媒介。

在基于计算机和课堂的大学英语教学模式普及过程中，教材的观念逐步为教学资源所替代。教学资源建设成为新媒介时代大学英语课程建设的核心内容之一，它不仅决定着课程的教学内容，也是大学英语教学工作者教学观念的重要反映。“一本书，一个讲台”，这种以教师“讲”为主的传统教学模式已经成为历史。由于信息时代知识的公开性、共享性，作为知识传播的主体，教师的权威性受到挑战。时代呼唤能够顺应信息化发展的新型教师。

四、教学媒体

随着新媒介的迅猛发展，在现代教学系统四要素中，教学媒体要素越来越重要，极大地影响着其他要素。

近年来，高校大学英语课堂教学条件和学生自主学习条件都发生了巨大的变化。多媒体教室、网络教室得到普及，基于计算机和课堂的教学模式成为大学英语教学模式的主流，以多媒体为特征的大学英语教学资源有力地支持、促进了学生的个性化学习和交流。

在课堂教学中，教师可以利用各种教学工具，如图片、视频、音乐等，激起学生学习的兴趣，引导学生进入多模态学习环境，进而达到很好的教学效果。教师可以将课内教材与课外读物相结合，鼓励学生拓展课外学习，利用网络资源和图书馆图书等进行多方位学习，进一步巩固知识。

泛在式、非正式学习成为学生课外学习的主要形式。学生采用各种媒体途径，如手机、个人电脑、iPad、课本、校园网、校园广播、网络自主学习中心，根据个人兴趣和学习发展需要，进行多媒体、多模态学习，课外随时随地用手机、iPad 等播放学习，或通过 QQ、微信、微博等社交软件与外界保持联系和互动。

多模态学习，即运用视觉、听觉和言语等多种模式同时进行学习，有利于减轻学习者认知负荷，加强学习的持久性，有利于改进学习效果。一系列实验研究表明，文字、声音和图像相结合的多模态学习方法有利于提高学生学习的效率；借助多媒体进行教学，对学生的外语学习有更大帮助，因为图像与声音比文字更形象、更生动。

近年来，各高校纷纷改善大学英语教学条件，不仅普及了多媒体课堂教学，而且都在加强大学英语网络自主学习中心建设。

五、教学环境

（一）学校环境

学校是学生接受教育、习得知识最主要的场所。因此，学校要尽可能地为学生提供充足的学业支持，具体包含以下几个方面：提供学生需要的生活设施；提供充足的图书资料和音像资料以供学生的语言学习使用，加强外语类图书的配置；提供必要的学习场所和便利的学习辅助设备，如图书馆、自习室、实验室、机房、体育场所等。

（二）班级环境

班级归属感也是一种重要的情感支持，是指学生对自己的班级在思想上、情感上和心理上的认同和投入。班级归属感是学生对于自身作为班级一员能够被他人接受和认可的肯定。这种自我肯定对于激发学习动机、加大学习投入、努力解决学习困难有显著影响。语言学习既具有个体性，又具有社会性。这是因为语言学习也是一种集体行为，只有在集体的合作、协商中才能有效促进个体的语言学习。

学生语言学习能力的提高离不开同伴的情感支持。一方面，来自同伴的鼓励、情谊、支持、关心和帮助有利于推动学生的主动学习、内化和发展，从而促进自身英语语言学习能力的提高；另一方面，在团结互助的同辈关系中，学生的年龄、性格特征大致相同，容易交朋友，坦诚相待，沟通障碍少，在进行学业求助时没有过于沉重的心理负担和压力，因此会获得更多的学业帮助。此外，同辈间的榜样示范作用对语言学习也有重要的促进作用。

第三节　大学英语教学的原则

一、交际性原则

英语教学的最终目的是使学生能够具备用英语进行交际的能力，因此交际性原则是大学英语教学的重要原则之一。具体来说，遵循交际性原则需要教师注意以下几个方面。

（一）重视英语的交际工具作用

英语是进行语言交际的重要工具，教学的目的是使学生了解和掌握这种工具。

在大学英语教学中，交际性原则要求教师以交际性为目的进行教学，同时要求学生以交际性为目的进行学习，在课堂上多进行交际性语言操练，将教学活动和语言应用紧密结合，从而切实提高英语交际能力。

由于我国缺乏英语使用的相关语言环境，因此课堂教学中的师生交流成了重要的语言交际活动，也成了大学生语言应用的重要渠道。鉴于此，教师可以利用相关教具，为学生创造适当的场景，协助学生利用英语进行真实或逼真的语言练习。这种教学不仅带有实用性，也能引起学生的兴趣。

（二）重视语言语境的影响作用

在我国传统的大学英语教学中，很多教师偏重基础语言知识的教学，这种教学模式下培养的学生并不具备良好的语言交际能力，不能在交际场合中灵活使用英语进行交际。语言的使用是在一定的语境之下进行的。语境包括交际的时间、地点、交际者、交际方式、谈话主体等。在不同的语境作用下，相同的话语也可能产生不同的交际效果。

因此，在大学英语教学中，教师要重视语言语境的影响作用，培养学生的语境适应性与灵活性，为学生日后的语言交际打下良好的基础。在教学过程中，教师可以设计不同的语境体验活动，使学生明白不同语境下语言使用的总体规范。

（三）重视语言教学的生活性

大学英语教学是为学生的生活服务的，因此在教学中要重视教学的生活性。教师可以将教学内容和学生所关心的话题进行整合，给学生提供充足的、内容丰富的学习资料。这些教学内容由于与学生生活息息相关，因而会引起学生的共鸣，最终调动学生的学习和参与意识，促进教学效果的提高。

二、真实性原则

大学英语教学的真实性指的是教师的英语教学要体现英语真实的语言使用环境，并以此设计教学内容，展现英语的语言交际场景、社会文化等。

英语教学中的真实性要体现在教学的各个环节中，以培养学生的语言综合应用能力为总目标，利用交际法和任务法展开教学，力图使学生在真实的英语环境中提高自身的语言能力。真实性就是语用真实，具体来说，教学中应该做到以下几个方面。

（一）把握真实语言运用的目的

语言交际目的是进行交际的前提。真实的语言运用的目的是提高学生的参与性和培养学生语言运用的意识。

（二）采用语用真实的教学内容

由于语言教学的特殊性，其内容不仅包括课文教材，还涉及语言运用材料。真实的教学材料能够使学生接触真实的语言，了解英语国家真实的交际话语和文化背景，并能够在课堂活动与社会交际中进行应用。

教师在教学前需要收集和整理真实的教学内容，分析语言应用的语境与内涵，从而保证教学能提高学生的语用能力。

（三）设计或组织语用真实的课堂教学活动

教学活动是保证教学效果的重要因素，也是语言运用的重要手段。真实的课堂教学活动要体现语言应用的目标，将学生语用能力的培养与提高和课堂教学内容的训练与巩固紧密相连。

教师在真实的课堂教学活动中发挥着重要的指导作用，要对学生进行积极的引导，使学生明白语言的真实语境与言外之意。

（四）努力做到学习环境的真实性

大学生主要是通过课堂教学的方式进行英语学习的。为了提高学生的语言交际能力，努力做到学习环境的真实性十分有必要。教室是进行英语交际的重要场所，教师应该重视课堂教学的交流作用，为学生打造出合适的学习和交际环境。

（五）设计语用真实的教学检测评估方案

教学评估是教学整体链条中的重要一环，对教师的教学和学生的学习都有重要的反馈作用。设计语用真实的教学检测评估方案，能够使教师发现学生学习中的不足，从而及时调整教学方式方法。

由于语用真实会引导学生更加重视语言学习的应用性，有利于提高学生英语使用的自我意识，因此学校在进行教学检测评估设计时要注重语用能力的检测。

三、综合性原则

英语教学的综合性原则指的是重视语音、语法、词汇的交互影响作用，进行综合教学。

（一）整句教学与单项训练相结合

由于英语教学是为了提高学生的语言应用能力，因此在教学中教师最好采用整句教学的方式。学生在学习语言表达之后就能直接运用，有利于学生语感能力的提高。具体来说，整句教学的顺序是先教授简单句子，然后再教授较为复杂和长的句子，将整句教学和单项训练相结合。

（二）进行综合训练

语言学习是一个完整的过程，需要在教学中进行综合训练，也就是结合听、说、读、写四个部分进行训练。在大学英语教学中，听、说、读、写的培养是教学的主要途径，教师可以通过这些途径训练学生的多种感觉器官，保证四项技能训练的数量、比例、难易程度，从而使学生完成不同的学习任务。

（三）进行对比教学

由于英汉语言的差异性，教师在大学英语教学中还要进行对比教学，引导学生在语言使用中学习单词、语法、语音。这种对比教学的方式能够保证整体教学效果的提高。

四、兴趣性原则

我国古代教育家孔子曾说："知之者不如好之者，好之者不如乐之者。"可见，学习兴趣对学习有着重要的影响作用。在具体的学习过程中，只有学生充满兴趣才能积极探索不同的学习领域，推动对事物的认识与发现，并从中体会学习知识的乐趣。

大学英语教学也要重视兴趣性原则，教师要努力调动学生的情感内因，激发其对英语学习的强烈愿望，在轻松愉快的学习环境中培养其语言技能。具体来说，为了调动学生的学习兴趣，教师可以从以下几个方面着手。

（一）充分了解学生的特点

不同学习阶段和年龄阶段的学生，所表现出的学习特点也不尽相同。教师应该充分了解学生的特点，在尊重学生学习中心性的基础上，发挥学生对教学的促进作用。在课堂教学中，教师要从学生的生理与心理特点出发，遵循语言学习规律，采用不同的教学手段，培养学生的兴趣，让学生在体验和实践中进行英语学习。

（二）改变传统的英语教学方式和评价方式

传统的大学英语教学主要是通过死记硬背的方式进行的。这种填鸭式教学在英语学习的初级阶段有所成效，但是在大学英语教学中收效甚微。

鉴于此，教师应该创设符合学生真实水平的教学内容，教学策略和实践也要开发学生的英语思维，帮助其对语言知识内化与吸收，从而为日后的语言交际打下基础。

（三）对教材进行深度挖掘

教材是教学的指导性文件，在教学中起着举足轻重的作用。大学英语教师在教学前，应该认真、透彻地研究教材，挖掘教材中学生的兴趣点，避免教材枯燥的内容对学生产生消极的影响，从而调动学生学习的积极性。

五、循序性原则

语言的学习并不是一蹴而就的，大学英语教学也要遵循循序性原则。具体来说，循序性原则要求教师做到以下几点。

（一）语言知识学习从口语过渡到书面语

英语学习主要包括口语和书面语的学习。教师在教学中可以先从口语开始，逐渐向书面语过渡。由于口语交际词汇较为简单，语句运用也比较轻松，会便于学生的掌握。可以说，口语技能的提高是书面语能力提高的基础。

（二）从听说技能的培养过渡到读写技能的培养

听、说、读、写是英语的四项基本技能，应该全面发展，但是也要注意技能培养的顺序。其中，听、说教学能够使学生掌握正确的发音和语言运用结构，从而为读、写能力的提高奠定基础。教师在教学过程中，应该遵循先听说、后读写的顺序，从而便于学生语言能力的长远提高。

（三）语言知识与技能、使用语言的能力不断循环与深化

语言能力的培养总体处于螺旋式发展的过程，需要进行多次的循环，但这种循环不是单纯的重复，每一次重复都基于前一次学习在深度和难度上有所提高。因此，教师应该注意从学生已有的语言知识和已经熟悉的语言技能出发，讲授新知识、培养新技能。

六、灵活性原则

语言处于不断变化发展的过程中，是一个充满活力的开放性系统。因此，大学英语教学也要遵循灵活性原则。

（一）教师的教学方法要有灵活性

英语教师在讲授语音、词汇、语法等语言知识和培养听、说、读、写、译等语言技能时要具体问题具体分析，要根据不同内容采取不同的教学方法。

（二）学生的学习方法要有灵活性

在大学英语教学中，教师需要积极探索符合学生学习规律和心理、生理特点的自主学习模式，从而帮助学生提高自主学习能力，使学生能够进行自我激励和监控，从而提高语言技能。

（三）语言使用要有灵活性

学习语言的最终目的是交流沟通。教师自己要灵活地使用英语以带动、影响学生使用英语。在课堂教学中，教师应尽可能多地用英语组织教学，使学生感到他们所学的英语是活的语言。此外，教师还可以通过灵活的作业为学生提

供灵活使用英语的机会。

第四节 大学英语教学的主要流派

一、情景教学法（The Situational Approach）

（一）定义

情景教学法又称视听教学法，是在直接法和听说法的基础上，利用视听手段形成的教学法。这种教学法是在教学过程中教师有目的地引入和创设具有一定情感色彩的、以形象为主体的、生动具体的场景，以引起学生一定的情景体验，从而帮助学生理解知识和掌握技能，并使学生心理机能得到发展的方法。在传统英语教学中，教师精心教读和讲解，学生拿着课本记、读和机械训练，慢慢地学生就会失去学习英语的兴趣。语言脱离了语言环境就难以恰当地表述意义，难以发挥其表情达意的本质功能。因此，情景需要语言，语言应当从情景教起。英语教学的根本是通过各种情景，掌握语言所包含的意义，从而达到在交际中运用语言的目的。

（二）起源

情景教学法于20世纪50年代首创于法国，其代表人物有古根汉（G. Gouhrnhein）和古布里纳（P. Guberina）。他们认为，在人们运用语言进行交际时，具体真实的情景决定着说话时所选择的方式、节奏和语调。人的听觉和视觉受到刺激后，作用于大脑，诱发人脑迅速做出反应和加速记忆，从而达到记忆痕迹的长期储存。情景法强调耳、眼等器官以及大脑整体地感知和认识外语材料，而外语材料的音、形、义和词、句、话也是作为整体让人感知的，因此，情景法又称为“视听整体结构法”。

（三）教学特点

1. 消除学生的紧张心理

教学艺术的魅力在于情感。情景教学法重视学生的情绪情感生活，集直观性、启发性、形象性、情感性于一体。情景教学的创设切合学生实际、教材内容和语言交际的实际，新颖而富于启发性。教师在课堂上应调整对学生的情感，在举止、眼神、语言上使学生感到教师和蔼可亲、可信，学生就会消除紧张、恐惧心理，踊跃发言，变被动学习为主动学习，为学好英语奠定可靠的心理基础。古人云："亲其师，信其道。"如果一个教师关心、爱护、尊重学生，学生也会爱教师、尊敬教师，还会把对教师的热爱转移到他所教的科目上，也会对自己充满信心。

2. 吸引学生的注意力

心理学家告诉我们，"注意"是学生认知客观世界、获取知识、发展智力和培养能力的基础。因此，教师应该采取受学生欢迎的教学方法，努力把课教得形象生动，最大限度地减少和排除分散他们注意力的各种干扰因素。而情景教学法就是设法创设各种生动有趣、贴近学生生活的情景、画面，集中学生的注意力，调动他们的积极性，使他们寓乐于学、寓学于乐，学有所乐、学有所得。

3. 降低学生的理解难度

情景中创设的语境是语言赖以生存和发展的环境，也是语言交际所依赖的环境。语言意义的理解以及语言功能的实现都需要通过语境。情景教学法正是利用各种手段为学生创设学习英语的语言环境，在相应的语言环境中完成教学内容，降低学生理解语言的难度。

4. 强调语言与真实情景或设计的情景相结合

情景教学法以情景为中心，充分利用视听手段，让学生做出模仿反应，形成习惯，创造出类似语言习得的学习过程，主要培养学生的听说能力。在教学时，学生一边看图像一边听声音，避免使用母语，这样可以使情景的意义与所学外语之间建立起直接的联系。

二、直接教学法（The Direct Method）

（一）定义

直接教学法又称自然教学法，是指直接用外语进行教学的方法，不用学生的母语，不用翻译，也不注重形式语法。它包含三个方面的意思：直接学习、直接理解和直接应用。其主要特点是不允许使用母语，用动作和图画等直观手段解释词义和句义。它的教学目标不是规范的书面语，而是口语。

（二）起源

19 世纪，外语学习的标准方法就是之前在拉丁语学习基础上发展而来的方法，即为人熟知的语法翻译法。尽管它在培养阅读能力方面有一定的实际成效，但其偏重阅读能力，忽视口语能力的培养方法，明显不适应当时资本主义社会的发展需要。

19 世纪下半叶，语言成为在国际交往中的巨大障碍。培养一批能与外国人在政治、经济、科学、文化等方面进行洽谈、交流的外语人才成为当务之急。在这种情况下，外语学习中口语的重要性逐渐凸显出来。到了 19 世纪后期，对语法翻译法的指责和批评越来越强烈，改革运动（ Reform Movement ）的兴起和国际语音协会（ International Phonetic Association ）的建立为新教学法的产生奠定了基础。

19 世纪末，语言学、心理学、教育学等相关学科也有了一定的发展，为新教学法的产生提供了理论条件。因此，直接教学法作为语法翻译法的对立物应运而生。直接教学法作为一种新的语言教学方法更准确地反映了当时外语教学的规律，它重视口语教学，能够满足用语言进行交际的要求，因而被迅速应用到外语教学中。

（三）教学特点

直接教学法具有以下一些特点。

第一，把学习外语和学习母语的过程等同起来，认为外语要在自然的环境或情境中习得。

第二，要求在外语和客观事物之间建立直接联系，直接运用外语思维。广泛利用实物、图画、动作、上下文、同义词、反义词、游戏等直观手段，或者用外语讲解词义来学习外语，完全不用母语或大部分时间不用母语，以避免母语的干扰。

第三，模仿和感知是直接教学法的基础，外语学习主要靠机械模仿和记忆语言材料，熟练地掌握语言的技巧是不自觉地经常重复，达到条件反射的结果。

第四，语音和口语是直接教学法的另一个基础，是语言活动的中心。外语教学从口语入手，设置一个不接触文字的听说阶段。在这个阶段，学生只见音标，不见文字，在听说基础上再学读写，最后达到听、说、读、写的全面发展。

（四）教学原则

使用直接教学法进行教学的过程应体现如下几项基本原则。

第一，直接联系原则。每教一个新词语，应把该词语所代表的事物、意义及客观表象直接联系起来。

第二，模仿为主原则。不是先学习语言规则，而是先听周围的人说话，模仿着说，以模仿、多练为主，以语言理论为辅。

第三，归纳语法原则。让学生先实际掌握语言材料，再从他们积累的感性语言材料中总结出语法规则，用以指导以后的学习。

第四，以口语为基础原则。先口头实际掌握语言，然后再学习文字符号的识记和书写。

三、听说教学法（The Audiolingual Method）

（一）定义

听说教学法又称口语教学法、句型教学法，是一种强调通过句型结构反复操练培养口语听说能力的教学法。它和直接教学法有共同的地方，就是强调口语的第一性，强调口头能力的培养。但它也有自己独特的地方，“听说领先，读写跟上”可以说是听说教学法特点的一种表述。

教师希望通过听说教学法，培养学生使用外语进行交际的能力。他们认为语言是一种习惯，学习外语就得养成一种新的习惯。而要这样做，就得超量地学习语言，包括语音、语法和词汇的结构，在运用各种语言结构进行交际时能做到不假思索地脱口而出的程度或称为条件反射的程度。要想条件反射地使用外语，学生必须克服母语的旧习惯对外语新习惯的干扰。

（二）起源

从 20 世纪 40 年代开始，结构语言学、数学语言学、心理语言学、控制论、行为主义心理学等学科相互渗透，得到发展，外语教学日益依赖现代技术，各国教学法专家竞相试验新的教学法体系。这给听说教学法的产生提供了理论基础。美国学者布龙菲尔德用行为主义心理学研究语言，是结构主义语言学的创立者，他制定了以结构主义语言学和操练性条件反射为基础的口语教学法，又称布龙菲尔德教学法。这一试验取得成功，逐渐完善为听说教学法并传遍全世界。

在听说教学法的发展过程中，包括以下规范的五个阶段。

认知阶段：认知即对所学句型耳听会意，主要采用与外语本身相同或不同的对比，使学生从对比中了解新句型或话语。

模仿阶段：模仿即跟读、齐读、抽读、纠错、改正，同时记忆。

重复和检查阶段：学生重复模仿材料，做各种记忆性练习，同时教师要进行检查，当确信学生已能正确理解、朗诵所学句型之后，才能进行下一阶段的变换活动。

变换阶段：变换即替换操练，应按替换、转换、扩展三步逐渐加大难度，同时要注意学生的理解情况。

选择阶段：活用所学语言材料于交际实际或模拟情景之中，即综合运用。

（三）教学特点

听说教学法重视口语教学，教材中每课内容均由对话开始。因此，教授对话是听说教学法课堂的主要活动。听说教学法课堂的教学活动和特点为：教授对话，听说领先；跟读模仿，句句复述；强化操练，掌握句型；巩固口头，读写跟上。

为把对话教得生动活泼，教师可以通过不同的方式进行表演。例如，在一个听说教学法的课堂中，教师正在教授一个真空吸尘器推销员和一个顾客之间的对话。为了表演得逼真生动，男教师一会儿把一个蝴蝶结放在头上表演女顾客，一会儿又把蝴蝶结放在脖子前面表演男推销员。

一般说来，教师会把对话表演两次，以使学生听懂对话的内容，然后教师会要求学生一句一句地模仿跟读。如果碰到难的句子，教师会用逆向组句法训练学生掌握难句。比如，教师发现学生在跟读“I'm going to the post office.”碰到困难时，他会用如下方式教授此句。

T：I'm going to the post office.

Ss：...

T：Post office.

Ss：Post office.

T：To the post office.

Ss：To the post office.

T：Going to the post office.

Ss：Going to the post office,

T：I'm going to the post office.

Ss：I'm going to the post office.

这样一来，一步跟着一步，学生便能把一些较长或较难的句子掌握住了。

多次的模仿和跟读后，教师、学生之间会表演对话。表演的形式可以是多样的，既可以由教师扮演对话的一方、全体学生扮演对话的另一方，也可以由一半学生扮演对话的一方、另一半学生扮演对话的另一方，来进行对话。无论跟读或对话，其目的都是使学生能背诵对话。

接着，教师会抽出对话中的一些句子做句型操练。句型操练是听说教学法中一个很有特色的训练项目。它既可以是替换词型的操练，也可以是句型转换型的操练。做替换词型的操练时，教师先提供一个句子："I'm going to the post office."。然后，教师可以向学生展示一家银行的图画，接着说"I'm going to the bank."。然后向学生展示不同的图画，如药店、市场、餐厅等，训练学生说出"I'm going to the drug store/market..."。句型转换型的操练则更加灵活，教师可以说出肯定句，训练学生说出否定句或疑问句；教师也可以说出两个句子，训练学生把它们合成一个复合句（定语从句、状语从句等）；教师还可以说出一个句子并提供一个情景，训练学生说出某种句型的句子（如倒装句、虚拟语气的句子、感叹句等）。句型操练是训练学生掌握各种句型、句子结构的一种行之有效的训练方式，只要运用得当，它就是一种很好的训练项目。不管是在模仿跟读还是在句型操练的阶段，教师对读得好、做得对的学生都会给予鼓励，对他们说"Good!" "Very good!"，以此激发学生的积极性。

一般来说，听说教学法训练完成后，教师可以布置阅读和书写的练习，以巩固听、说的效果。也就是在听、说训练完成后，教师才让学生看到所学对话的书面形式，即"听说领先，读写跟上"。

四、交际教学法（The Communicative Approach）

（一）定义

交际教学法又称功能教学法、功能意念教学法，是以语言功能项目为纲，培养在特定的社会语境中运用语言进行交际的能力的一种教学法体系。

在使用交际教学法的过程中，教师的教学目的是培养学生的外语交际能力。"交际能力"是美国社会语言学家海姆斯首先提出的一个概念。海姆斯认为，一个学习语言的人不但应该有识别句子是否合乎语法规则的能力，还必须懂得怎样恰当地使用语言，即对不同的对象使用不同的语言，在不同的场合、不同的时间使用不同的语言。因此，外语教学应培养学生的外语交际能力，即要培养他们懂得在一定的社会环境中恰当地使用语言的能力。要达到此目标，学生需要懂得语言的形式、意义和功能。他们应该懂得不同形式的语言结构可以表示同一种功能。比如，一个人向另一个人提议做某事时，在非正式场合可说"How about..." "Let's..." "What about..." "Why don't we..."，在正式的场合则可说"Would you care to..." "May/Might I suggest..." "If I may/might make a suggestion..."。同时，他们也应该懂得同一结构也可以用来表示不同的功能。如用祈使句可以表示：请求——"Pass the salt."；建议——"Try the smoked salmon."；邀请——"Come around on Sunday."；指引——"Turn right at the corner."。

因此，学生要通过学习，达到使用正确的语言形式来表达思想的目标。

（二）起源

交际教学法起源于20世纪60年代晚期英国传统教学方法的改革，70年代中期得到进一步的发展，80年代初期开始在我国的某些院校进行试验，交际教学法理论逐步得到推广。

根据美国社会语言学家海姆斯提出的交际能力的理论，学习者不但应具有语言知识，还应具有运用语言的能力，尤其应注意语言运用的得体性。克拉申的语言习得理论也强调，语言学习必须通过运用语言交际，而不是通过训练语言技能。交际教学法强调学习的过程，强调语言和交际相互依存的关系。

（三）教学特点

1981年，英国语言学家利特尔伍德（William Littlewood）出版的《交际教学法》（*Communicative Language Teaching*）一书里具体描述了交际教学法教学活动的四种类型（见图5-1）。

- 交际前活动
  - 语言结构性活动
  - 准交际性活动
- 交际活动
  - 功能性交际活动
  - 社会性交际活动

图5-1　交际教学法教学活动的类型

其中，语言结构性活动与听说教学法的句型操练有相似的地方，但不完全一样。因为按照交际法学者的要求，可以把这一类型的活动设计得很像真正的交际活动。准交际性活动是为真实交际做准备而设计的教学活动。它们可以是句型操练、对话等项目，目的是对外语中的句型结构进行训练，为交际活动做好准备。没有外语结构和句型的掌握，要进行交际是十分困难的。功能性交际活动是利用语言功能获取有关信息。社会性交际活动是利用语言建立和维持人与人之间的友好关系，可以是角色扮演、解决问题等活动。

交际教学法有 9 个主要特点。

一是以培养交际功能为宗旨，明确提出第二语言的教学目标是培养创造性地运用语言的交际能力，不仅要求语言运用的正确性，还要求语言运用的得体性。

二是以功能意念为纲，根据学习者的实际需要，选取真实、自然的语言材料，而不是经过加工后的“教科书语言”。

三是教学过程交际化，交际既是学习的目的也是学习的手段，在教学中创造接近真实的交际情景并多采用小组活动的形式，通过大量言语交际活动培养运用语言交际的能力，并把课堂交际活动与课外生活中的交际结合起来。

四是以话语为教学的基本单位。交际法认为语言不是存在于孤立的词语或句子中的，而是存在于连贯的语篇中的。

五是以综合性训练为主，单项技能训练与综合性技能训练相结合，最终达到在交际中综合运用语言的目的。

六是对学习者在学习过程中出现的语言错误有一定的容忍度，不影响交际的错误能不纠正就不纠正，尽量鼓励学习者发挥言语交际活动的主动性和积极性。

七是强调教学要以学生为中心，为学生的交际需要服务，以语言功能为纲，根据学以致用的原则，针对不同专业的学习者安排“专用语言”的教学。

八是主张采用多种教学手段，不应仅使用一本教科书，而应使用一个“教学包”，即教师用书、辅导读物、磁带、挂图、录像、电影、电视等。

九是让学生处于情景之中，身临其境地感受氛围，用英语进行交际是交际教学法的精髓。

交际性活动的衡量标准为：要有交际目的，要有交际意愿，强调语言内容而不是语言的形式，语言形式的多样性，教师不干预，语言材料不受限制。因此，教师在交际语言教学中应做到：允许学生应用真实的、有创造性的语言进行交际；强调语言内容而不是语言的形式；学习的内容应与学生的需要有关；在教学中应赋予学生任务，即使用任务型教学法；强调应用功能法。学生不但要学习语言知识，也要学习语言文化。

按照交际法学者的理解，真正的交际活动应该有三个特点：信息沟、选择性和消息的反馈。缺少这些特点的对话就很可能是句型操练，而不是真正的交际。比如，对话方都知道当天是星期二，为了练习一下词汇和句型，一个人问另一个人"What day is today?"，另一个人回答"Tuesday."。这样的对话不是真正的交际活动，因为两人之间的交际没有信息沟。当一个人不了解某事而与另一个了解该事的人交换信息时信息沟才存在。再如，如果我们要求学生把一个陈述句转变为疑问句，我们可以说"Will you change my sentence into a question?—I went home yesterday."，学生回答可以说"Did you go home yesterday?"。但这样的对话也不是真正的交际，因为回答者没有选择的自由，而发问者又不可能从回答者的回答中了解到他是否已明白了自己的意思。教师在设计教学活动时也应注意真正交际活动的三个特点。比如，当教师希望学生练习句型"Is it+adj.（colour）?"时，教师可以说："我脑子里想着一个有颜色的球，你知道球是什么颜色的吗？"学生可以问"Is it white/yellow/black/green..."等。这样的操练比听说教学法的句型练习前进了一大步。

交际教学法的另一个特点是教师会尽量使用真实的材料进行教学，这些材料可以取自外文的报纸和杂志，也可以取自外国的电台、电视台或电影。

五、任务教学法（The Task-based Approach）

（一）定义

所谓任务，克鲁克斯（Crookes）认为它是指特定目的的一项工作或一个活动，在教育课程中，它主要是用于收集资料进行研究的工作或活动。语言学习的任务就是有目标的交际活动或学生为达到某一目标而进行的交际活动的过程，是一种在实践中学习的语言实践。任务教学法的核心是以学习者为中心和以人为本，以建构主义为理论基础，符合二语习得内化过程的理论假设。

任务教学法是根据单元目标和教学内容，创造性地设计出贴近学生实际生活的教学活动，即布置一个既新颖有趣又熟悉的任务。该课堂模式把学生的注意力聚焦在怎样利用外语作为交流的工具来完成任务，而不只是关心自己所说的句子是否正确，任务完成时为学习者提供自我评价的标准，使其产生成就感。这些目标是为课堂教学服务的，学生是直接的受益者。

（二）起源

任务教学法起源于20世纪80年代，由博雷泊首先提出，印度班加罗尔地区在实施中总结出一整套教学模式。任务教学法是一种强调“在做中学”的语言教学方法，是一种将语言理论和应用理念转化成课堂实践的教学方式。这种教学方式充分肯定了学生的主体地位，通过教师的辅助来实现教学目标。同时，将学生学习的内容设计成一个个阶段性的交际任务，让学生在完成任务的过程中掌握语言知识，学会运用语言。

（三）教学特点

1996年，威利斯（Willis）提出了任务教学法的三个阶段：任务前阶段、任务中阶段和任务后阶段。任务前阶段是准备阶段，任务中阶段是实施阶段，任务后阶段是验收与提高阶段。这三个阶段相辅相成，互相作用。其中，任务中阶段是核心，任务前阶段为其创造了有利条件，而任务后阶段是前两个阶段的归纳，是促进学习者语言内化过程的具体手段。

在任务教学法中，任务的设计不但要考虑到语言的可操作性，还要考虑到其是否具有交际性。下面以《新视野大学英语》（第二册）（2001）Unit 1的“Text A：Time—Conscious Americans”为例，说明任务教学法在课文教学中的具体运用。

1. 任务前阶段

在开始学习课文之前，教师先要求学生以小组为单位预习课文，主要任务是收集相关资料，并对这些资料进行筛选、分类和总结，了解文章的背景知识，归纳出文章的主题和提纲。例如：

I. Thesis of the Text

Americans value time and save time carefully. In their eyes, time is regarded as precious resources. A person who tends to waste his own time or that of others is never accepted in American culture.

II. Outline of the Text

ⅰ. Americans value time and save time carefully.

ⅱ. Americans try every means to save time.

ⅲ. New arrivals to the U.S. regard time differently.

同时，对课文中的生词、短语和难句进行标注、讨论，以扫除阅读上的障碍。针对这一环节中的问题和错误，教师可指出其中较普遍和典型的问题并加以纠正。

2. 任务中阶段

语言教学的出发点是语言知识，终点是语言能力。语言能力是在对语言规则、语言知识的反复操练下产生的。课堂语言教学应实现由语言形式到语言运用的转变。教师应在活化教材上下功夫，创设情境，鼓励学生进行有意义的交际，积极参与解决问题和完成任务的交际活动。这一阶段是整个任务的执行阶段，教师可根据前一阶段的情况，以具体任务的形式来完成这一阶段的活动，如设计小组讨论、两人对话、分组辩论、角色扮演、实地考察、民意测验和采访等交际任务，以激发学生运用语言进行交际的兴趣，提高语言交际能力。

例如，小组讨论：

Ⅰ. What does time mean to us ?

Ⅱ. What precious resources do Americans value and save ?

通过讨论以上问题引出课文，接下来还可以提出一连串的问题帮助学生更好地理解课文。

3. 任务后阶段

这一阶段主要是对前两个阶段各项任务的完成情况进行总结。在课堂上，学生主要通过复述课文和写作完成对课文的全面理解。而课堂时间是有限的，出了课堂，往往就进入了汉语世界，英语学习环境难以保证。因此，在教学过程中，教师必须通过布置任务帮助学生加强课外英语实践活动，营造课外英语学习氛围。在英语课外实践中，教师应帮助学生设计、组织安排好任务活动，如开办英语俱乐部、英语协会、英语社团，举办英语演讲比赛、辩论赛等，并及时对任务活动进行督促、检查、评价、总结。

六、合作教学法（The Cooperative Approach）

（一）含义解读

合作学习是指学生为了完成共同的任务，有明确的责任分工的互助性学习。

合作学习是一种结构化的、系统的学习策略，由 2 ～ 6 名能力各异的学生组成一个小组，以合作和互助的方式进行学习活动，共同完成小组学习目标，在促进每个人的学习水平提高的前提下，提高整体成绩，获取小组奖励。

（二）起源

合作教学法于 20 世纪 70 年代初兴起于美国，并在 20 世纪 70 年代中期至 20 世纪 80 年代中期取得实质性进展的一种富有创意和实效的教学理论与策略。由于它在改善课堂内的心理气氛、大幅度提高学生的学习成绩、促进学生形成良好的非认知品质等方面实效显著，很快引起了业界的关注，并成为当代主流教学理论与策略之一，被人们誉为当时“最重要和最成功的教学改革”。20 世纪 80 年代末 90 年代初，我国也开始了合作学习的研究与实验，并取得了较好的效果。

（三）教学特点

在运用合作教学法的课堂中，教师应注意以下几个环节的操作。

一是合理分组。合理分组是该教学法的首要环节。教师要充分发挥自身的引导作用，在分组时，既要考虑分组的合理性，如小组成员的学习成绩、成员人数，又要对小组的学习目标和角色分配等方面进行指导。

二是灵活组织。通常来说，合作教学法教学过程中的小组活动包括话题讨论、角色扮演、切块拼接、小组竞赛等。教师要灵活安排教学活动，让小组里的每个成员都意识到他们的行为会影响到其他组员的状态，要让小组成员明白只有以合作的方式才能完成任务。

三是科学评价。合作教学法要顺利进行并最终取得预期的效果，对合作学习效果进行评价是不可或缺的一个步骤。

七、语法翻译教学法（The Grammar-translation Method）

（一）定义

语法翻译教学法又称传统教学法，是用语法讲解加母语翻译练习的方式教授外语书面语的一种传统外语教学法。语法翻译教学法是外语教学中最古老、影响最深的教学法体系。

按照使用语法翻译教学法的教师的理解，学习外语的目的是培养学生阅读文学作品的能力。为达到此目的，学生必须掌握外语的词汇和语法规则以便能用来进行翻译。这些教师还相信，学生在学习外语的过程中通过背诵语法规则、词汇，应用语法规则做翻译练习等，可以得到很多逻辑思维的练习，从而使外语阅读水平得到提高。

（二）起源

在外语教学中运用翻译作为教学手段已有几千年的历史了，但从理论上对语法翻译教学法进行概括和说明，使之成为一种科学的教学方法体系却是近一百多年的事。中世纪时，拉丁语是欧洲文化教育、著书立说的标准语言，是教会和官方的语言。后来，人们学习拉丁语的主要目的是阅读用拉丁语写的书籍，以吸收古代文化，教学方法采用语法翻译法。到18、19世纪，法语、英语兴起，学校开设了法语、英语等现代语言课程。由于找不到新的教学方法，在教授这些现代语言的初级阶段，人们就自然地沿用教授希腊语、拉丁语等古典语言的语法翻译教学法。

（三）教学特点

语法翻译教学法主要的课堂教学活动包括对整篇课文大意的译述，把课文逐句译成母语，对课文中的语法规则作演绎式的讲解，以及直接阅读课文以加深对课文的理解等。

假若我们在一个语法翻译教学法的课堂听课，教师正在教授《最后一课》（“The Last Lesson”），课堂的活动很可能会进行如下设计。

首先，教师会用母语把文章的作者和写作背景作一个简单的介绍，接着会对文章大意进行译述，以使学生对文章的整体有一个初步的了解。

其次，教师会对课文逐句地翻译。一般来说，在翻译之前，教师会带读单词表里的单词使学生能知晓单词的发音和意义。在逐句翻译的时候，教师会先朗读句子，然后用母语解释词的意义、短语的意义和句子的意义。碰到语法方面（包括词法、句法及惯用法）的问题，教师会较详细地解释语法现象、规则和用法，并举例加以说明。逐句翻译和语法讲解是语法翻译教学法课堂教学的中心活动，它占用了课堂活动的大部分时间。

在教授第一段“I was very late that morning on my way to school and was afraid of bcing scolded. The master had told us he would question us on verbs, and I did not know a thing about them, for I had not studied my lesson.”中的

第一句时，教师会在朗读“I was very late...”后把它译成“那天早晨上学，我去得很晚，心里害怕挨骂”。教师还会复习短语“on one’s way to a place”，并说明它的意思是“在去某地的路途中”。为让学生更好地掌握该短语的用法，教师会举例“He is now on his way to Shanghai.”是“他现在正在赴上海途中”的意思；“On my way home / there / here，I saw my teacher，Mr. Li.”中，home 前不用 to，因为 home 是副词。教师还会让学生将一些汉语句子翻译成英文，如“上学途中我碰见了李明”。

在讲授第一句下半句时，教师会较详细地解释“being scolded”，说明“being scolded”是动名词的被动式。教师不但会说明动名词被动式的构成法“being+过去分词”，而且会举例说明其用法。比如，动名词的被动式可放在动词后面，也可以放在介词后面，如“I remember being taken to Beijing when I was a child.”和“Li Ping came in without being asked.”，I 是 being taken 的语法主语，Li Ping 是 being asked 的语法主语，但这些都不是逻辑主语，因为它们不是施动者。教师会用这种边翻译边用演绎法解释语法项目的方法完成全篇课文的讲解。课堂活动除了课文朗读和学生用英语翻译做练习外，绝大部分时间是用母语进行教学的。

在讲解清楚语法和翻译了课文的基础上，教师还会让学生直接阅读课文并做一些阅读理解的练习，以加深对课文整体的理解。阅读理解的练习多是以多项选择的形式出现。例如：

Choose the correct answer to each question according to the text.

（1）Where was the writer of the story from？

A. France　　B. Germany

C. England　　D. Switzerland

（2）Who was little Franz？

A. A hardworking student

B. A boy who did not work hard at his lessons

C. A boy who usually went to school on time

D. A soldier’s son

到此为止，教师基本完成了一课的教学。教师还可以根据实际情况布置一些书面的翻译练习让学生做。

以上几种外语教学法具有代表性，是历史的产物，反映出处于不同时代的人们对外语教学的需要。作为一名语言教师，应充分了解每一种教学法的特点，结合实际情况选用教学模式，最大限度地发挥各种教学模式的长处，以达到最佳的教学效果。

第二章　大学英语教学模式与课程建设

第一节　陈述式教学在非英语专业教学中的实践

一、大学英语教学存在的主要问题

英语作为语言交际工具在国际交流中日益发挥着重要的作用，且已成为全球重要的沟通语言。21 世纪高等教育呈现出的国际化、学科交叉综合化等趋势以及社会对英语应用能力的极大需求对大学英语教学提出了巨大挑战，要求大学英语教学不断深化改革、与时俱进，从战略角度为国家培养出更多的具有国际视野的创新人才。

近年来，我国高校非英语专业本科英语教学改革遵循着“提高听说实用能力、增强就业竞争力”的发展方向，进行了诸多探索。2007 年，教育部办公厅印发的《大学英语课程教学要求》明确指出：“大学英语的教学目标是培养学生的英语综合应用能力，特别是听说能力，使他们在今后学习、工作和社会交往中能用英语有效地进行交际，同时增强其自主学习能力，提高综合文化素养，以适应我国社会发展和国际交流的需要。”此后，大学英语教学改革不断深入，听说训练得到极大重视，并取得了一些成效。然而，在高等教育大众化背景下，大学英语教学改革仍然存在一些问题。

强化听说的教学模式实际上仍然是强化语言基础的教学。我国大学英语始终是通用英语教学，学生为打基础和应试而学习英语。大学阶段学生英语学习的目标及未来使用的目标定位不明、动力不足，导致教与学费时低效。

由于高中阶段英语教学在培养目标、教学要求、课程设置和课程标准等方面与大学英语教学的一般要求非常接近，越来越多的高中毕业生在大学入学时已达到或接近大学英语四级水平甚至六级水平。大学阶段重复性内容的强化学习使学生在英语学习中普遍出现懈怠状态。

大学期间，学生经常参加一些国内外团体的专业交流或赛事，但是他们往往无法就某一专业课题进行有效的演示，缺乏用英语陈述专业问题的能力，因此认识到相关专业领域的英语应用能力极其重要。学生需求发生了很大的变化，但大学英语的教学模式没有随之进行相应的改革，导致学生对英语学习没有兴趣。刘丽、刘梅华①，于海、钟晓华②以及蔡基刚③等分别对25所高校的非英语专业大学生的需求、社会用人单位最看重的能力、英语教学满意度等进行了调查。结果表明，学生一致认为“教学仅是高中的重复”“教材内容单调过时”“大学阶段外语能力的提高最不理想”，认为“自己进入大学后英语水平没有提高和有所下降”的学生比例占到62%。

针对上述问题，我们初步探索出一套目标明确、有利于提升教学质量、促进跨专业交流、增强学生应用能力的陈述式教学模式。陈述式教学依据“语言与学科知识整合，增强学生应用能力”的理念，旨在改变“重基础、轻应用”的做法，是适应大学英语教学改革要求的一种新的教学形式。

二、陈述式教学模式及理论

（一）陈述与陈述式教学模式

这里的陈述是指一种常用的学术讲座形式，是学生根据所选择的某一话题向大家口头汇报的过程。陈述式教学是指以英语口语陈述方式进行的课堂教学活动，陈述主体为学生，学生以英语口语形式陈述一部电影、一本书、一个专业设计、一个自己创作的作品，以及与所学专业课程相关的某个话题、项目、计划等，陈述后是5～10分钟的答疑，其他学生根据陈述内容向陈述者提出相关问题。

陈述式教学模式，其实质是摒弃以讲授、练习为主的教学模式，而采用合作式、提问式、讨论式、探究式和自主学习的综合教学模式。其基本理念是，以学习主体为中心，教师为指导者和组织者，通过师生、生生之间的教学互动，优化课堂教学，增强学生的跨专业交流能力，培养学生的表达和合作能力，充分调动学生自主学习的主动性，培养学生提出问题和解决问题的能力，使学生在思考、探究和语言实践活动中建构和内化知识，将语言知识通过课堂活动转化为语言技能。

陈述式教学模式的具体步骤如下：教师布置任务；学生分组讨论，确定陈

---

① 刘丽，刘梅华.大学生英语学习需求调查及其对英语教学的影响[J].外语研究，2008(06)：68-73.

② 于海，钟晓华.2006—2007年上海大学生发展报告综述[J].复旦教育论坛，2008，6(01)：3.

③ 蔡基刚.制约我国大学英语教学方向转移的因素分析[J].外语研究，2010(02)：40-45，112.

述主题；学生利用课余时间查阅相关资料，形成自己对问题的认识和分析；学生利用多媒体等教学辅助手段阐释自己的观点和问题，组内进行演练、讨论和自评；学生正式陈述，在此后的答疑时间里听众（学生）提出问题；学生对陈述进行评价，教师点评和补充，汇总成绩。

（二）理论依据

内容依托教学法（Content-based Instruction，CBI），是一种通过主题或学科内容教学达到外语习得目的的教学方法，是一种以某学科或主题内容为基础的语言教学。此教学理念源于加拿大蒙特利尔的沉浸式实验教学，默汉（Mohan）于 1986 年发表的著作《语言与内容》使此教学理念得以迅速发展。20 世纪 90 年代中期，我国外语教学界引进了 CBI 教学法，并开始关注和研究这种教学理念。该教学理念强调依托课程内容，将语言系统与内容整合起来进行交流，在提高学生学科知识与认知能力的同时，促进语言表达能力的提高。其主要理论依据如下。

一是二语习得中的有意义的内容学习理论，如克拉申的语言输入假说。克拉申认为，语言的习得依靠“有意义、可理解的输入”，不靠大量有意识地使用语法规则或枯燥的练习，二语习得应专注于意义，而不是语言形式。

二是认知心理学中的知识建构理论，如皮亚杰的新旧知识联系说。该教学理念强调，语言教学要将学习新知识的内容与学习者的生活经验和已有知识相联系，以激发学习者的兴趣，使他们主动建构知识意义，同时在理解信息的基础上获得语言输出练习的机会（Tedick，2001）。学习意义的获得，是每个学习者以自己原有的知识经验为基础，对新信息重新认识和编码，建构自己的理解。在这一过程中，学习者原有的知识经验因为新知识经验的进入而发生调整和改变。皮亚杰还强调教学不能无视学习者的已有知识经验，简单、强硬地从外部对学习者实施知识的“填灌”，而是应当把学习者原有的知识经验作为新知识的生长点，引导学习者从原有的知识经验中生长出新的知识经验。

无论是输入假说还是知识建构说，都从不同的研究视角得到一个相同的结论：意义是语言学习的重心。为了有效促进语言习得，我们需要有意义的学习。“内容”和“意义”成为当代外语教学法发展的一个新的方向。

CBI 教学方法的基本特点：教学以学科专业知识为中心，非语言本身；教学中使用真实的语言材料并完成真实的任务；学习的内容和活动符合学生的语言程度以及认知和情感需要。

陈述式教学模式正是顺应该理念的要求，把教学重点放在学科专业知识学习和语言输出相结合上，语言仅仅作为一种工具，学生在学习知识的过程中获取语言输出练习的机会，进而达到逐渐提高语言应用能力的目的。

三、陈述式教学模式在非英语专业教学中的实施

实施陈述式教学模式，能够较好地解决当前大学非英语专业英语教学中面临的核心问题，对提高大学生英语综合应用能力、培养国际化人才具有积极的作用。

有些院校非英语专业的学生英语听说能力相对较差，课堂教学主要以讲授、练习为主，能力训练活动相对来说比较少。所以，学生整体学习积极性不高且缺乏兴趣。针对这些问题，教师依据陈述式教学模式的基本理论，进行了教学改革实践探索。

（一）结合网络平台，构建任务型教学模式，培养学生的团队合作意识与精神

陈述式教学利用现有的网络平台，如新视野网络学习平台、iTEST 测试与训练系统平台、大学英语精品课程平台等，结合课堂教学，进行有针对性的听、说能力培养与训练。与此同时，每次课前教师围绕特定的教学目的，设计出具体的、可操作的陈述任务，保证学生能够按时完成任务，并最终达到学习和掌握语言的目的。在任务的履行过程中，学习主体以参与、体验、互动、交流、合作的学习方式，充分发挥自身的认知能力、语言实践能力，在“做”中学，即学生在完成任务的过程中习得语言知识、培养表达能力，最终实现提高学生综合能力的目的。

口语陈述一般采用两种形式：学生单独进行或以小组的方式进行。以小组方式进行的口语陈述，小组成员在准备陈述的过程中，必须分工明确，各成员需充分认识自己的角色和职责，并在团队协作的过程中完成学习任务。此外，学生陈述后还需回答其他学生提出的问题。这种做法在一定程度上锻炼了学生表达个人意见和提出独到见解的能力，同时促进了跨专业交流，扩大了学生的专业视野，优化了英语课程教学。

（二）构建计算机网络环境下的英语应用能力与学生学习整合的课程学习模式，提高学生的综合能力

相关的调查显示，我国大学生迫切希望在基础英语到专业的全英语教学之间安排一些衔接性课程，使英语很好地为专业学习服务。陈述式教学正是符合这项要求的一种实用性较强的教学模式，该模式将口语表达能力与专业知识结合起来，学生的综合能力有了很大的改善。如工程专业学生在陈述式英语教学中会陈述自己专业的相关内容，让大家了解工程专业；艺术类学生会就自己的绘画作品进行陈述，介绍其中的艺术价值与欣赏价值。虽然课堂上学生仅仅有20分钟左右的陈述，但在准备过程中，学生需要花费三四天，甚至一周的时间。他们要翻阅一些相关的资料，熟悉大量的专业词汇，这为学生未来的专业英语学习打下了良好的基础。

（三）建立多元化评价体系，强调对学习主体动态评价

教学新模式需要一种与之相适应的评价模式，因此在教学实践中，教师建立了多元化评价体系，重视动态评价、学习过程考核，以期监控学生学习过程，并全面、真实地考查学生的能力。具体做法是：一方面，利用网络平台对学生平时的基础听说训练任务进行监测，强调学习过程的重要性，与此同时，激励学生随时关注与成绩有关的听说能力，使他们有针对性地调控自己的任务进度和学习方法；另一方面，在口语陈述教学中，教师、学生对陈述者的陈述主题、陈述模式、陈述框架、陈述语言以及辅助陈述的演示工具等进行评价，对学生所提的问题进行评价，对团队的合作、分工协作等进行评价，并把评价成绩与评价内容详细记录下来。

学生最终的成绩由形成性评价成绩（40%）和终结性评价成绩（60%）两部分构成。形成性评价包括学生的陈述评价、网络自主学习、课堂表现、平时作业和团队合作情况；终结性评价包括期末口语陈述和期末笔试考试。在终结性评价中，对口语陈述的评价比较全面，要求从学生陈述的开始方式、陈述的组织结构、主题的支撑材料、陈述的语言以及陈述的总体印象等几个方面进行评价。教师和学生同时进行评价，并要求学生写出每个学生陈述中最大的优点和最大的不足，最终成绩需要综合两者的评价结果。教师讲评与学生讲评相结合，建立合作学习方式、同伴评价系统，开展学生对学生的评价活动，这一过程把全体学生的积极性调动起来，激发了学生的思辨力，增强了学生的英语综

合应用能力，有助于对教学质量的监控。

陈述式教学模式是提高学生英语应用能力的较好模式，使学生在陈述实践中除了重视口语表达能力、专业知识外，也注重培养自己的语篇能力、社会语言能力、策略能力和思辨能力。在陈述过程中，学生的逻辑思维能力更得到了有效的锻炼，对批判性思维和创新性思维也有了更多的关注和更深刻的感悟。

四、实施陈述式教学模式的现实意义

《国家中长期教育改革和发展规划纲要（2010—2020 年）》曾指出，要更新人才培养观念，创新人才培养模式，“注重学思结合。倡导启发式、探究式、讨论式、参与式教学，帮助学生学会学习”。陈述式教学模式引导学生转变英语学习观念，使学生认识到语言是未来发展不可或缺的工具，而不是一门单纯的课程。从而激发他们的学习兴趣，培养本专业领域的英语交流能力，有助于创新能力的提高，对促进目前非英语专业本科教学改革，以及我国英语教育长期良性发展都具有较大的现实意义。

陈述式教学模式把大学英语看成一门实用性很强的工具，主要目的是进行国际交流和获取先进的科学技术知识，培养学生在专业学科领域的国际竞争能力。从长远角度来看，陈述式教学模式有助于培养具有全球视野的国际化人才，对于国家的未来发展具有重大意义。

更新教学理念、转变认识，有助于增强学生自身的国际竞争力。非英语专业学生有自己明确的专业，有比较确定的需求目标，培养他们用英语进行专业学习和研究的技能、开展涉及专业的小组讨论的能力以及做演示和陈述的能力等，有助于提升他们未来的职业竞争力。

陈述式教学模式为我国大学英语教学改革提供经验与参考，具有示范作用。根据《国家中长期教育改革和发展规划纲要（2010—2020 年）》，从中长期的角度看，我国大学英语教学的方向转移是不可避免的。实践新的教学模式是对大学英语方向转移的最好准备。陈述式教学模式为未来大学英语教学方向的转移提供了可借鉴的经验，起到了启发和示范的作用。

五、陈述式教学模式实施中需要注意的问题

大学英语教学进行新的教学模式的改革与实践取得了一定的成效，但在实施过程中需要注意以下几个方面的问题。

第一，随着国家教育投入的增大，全国各高校硬件条件都得到了较大的改

善，在此基础上的陈述式教学模式的改革有了可靠的硬件保障，要充分发挥网络平台的辅助作用。

第二，陈述式教学模式对教师有较高的要求。教师除了要具有敬业精神、较强的科研能力、掌握一定的现代教育技术以外，还要有继续学习与更新知识结构的能力，从而善于掌握先进的教学理念，有能力组织有效的教学。

第三，陈述任务的设计是陈述式教学的关键，教师要注意把握陈述任务的难易度，对学生选择的话题随时给予有针对性的指导，并保证课程循序渐进，对学生进行以听说能力训练为目标的自主学习的监控。

第四，评价是陈述式教学的核心。在同伴评价过程中，难免个别学生有心理偏向，因此要注意学生评价的质量，教师要给予适当的监督与指导。

第二节　基于听说能力培养的选修课课程建设

一、建构主义理论、克拉申输入假设理论及任务型教学模式

利用多元化的网络平台进行的英语教学，充分体现了建构主义理论和克拉申输入假设理论的精神。以听说能力培养为目标的大学英语选修课教学体系是以下列理论基础为依据的。

（一）建构主义理论

建构主义是认知心理学的一个分支，最早由瑞士心理学家皮亚杰于 20 世纪 60 年代提出，它揭示了人类学习过程的认知规律。建构主义认为，知识是学习者在一定的情境下，借助一定的手段和必要的学习资料，通过意义建构的方式获得的，而不是通过教师传授得到的。建构主义学习理论认为，“情境”“协作”“会话”“意义建构”是学习环境中的四大要素。根据建构主义学习理论，学习环境中的情境必须有利于学生对所学内容的意义建构。这就对教学设计提出了新的要求，也就是说，在建构主义学习环境下，教学设计不仅要考虑教学目标分析，还要考虑有利于学生建构意义的情境的创设，并把情境创设看作教学设计的最重要内容之一。建构主义学习理论主要强调以下几点。

第一，学生是学习的主体，是知识意义的主动建构者，教师是学生知识意义建构的帮助者、指导者和促进者。

第二，学生的学习是与真实的或类似于真实的情境相联系的，是对真实情境的一种认识和体验。学生在这种真实的或类似于真实的情境下，利用相关的学习资源，有效地构建新知识，使知识得以内化。

第三，学生对知识意义的建构离不开协作学习。建构主义学习理论尤其强调学生与教学内容、教学媒体之间的相互作用。

第四，教师对学生学习环境的设计至关重要，教师要为学习者提供各种资源（包括各种类型的教学媒体和教学资料），鼓励学习者主动完成意义建构，以达到自己的学习目标（丰玉芳，2006）。

建构主义的教学原则：强调以学习者为中心，强调情境对意义建构的重要作用；强调学习者协作学习对意义建构的重要作用，强调学习环境的重要性，强调利用各种信息资源来辅助学习者的“学”，强调最终目的是完成意义建构。

（二）克拉申输入假设理论

作为克拉申五个语言习得假设中的一个重要的假说，输入假设理论认为，人类习得语言是接受大量的可理解的输入，人们的注意力集中在输入的信息本身，而不是语言形式上。习得产生的一个条件就是学习者获得比现有水平更高一点的语言输入。如果输入的内容远远超过学习者现有的水平，即“i+2”，或者是和现有水平一样，即“i+0”，这两种情况下的习得都不能取得最佳效果。只要可理解的输入的量充足，它将自动提供必要的语法。

克拉申认为语言输入是语言习得的首要条件。该观点强调学习者必须通过阅读和听力吸收语言材料，且材料必须是“略微”超过学习者目前的水平并被学习者所理解。这一假设体现了克拉申对第二语言学习者如何接收和吸收语言材料这一过程的实质性认识。

输入假设理论认为输入的意义要为学习者所理解，理解输入的语言是语言习得的必要条件，可理解的输入应反复出现；理想的输入应该做到既有趣又有关联，且有足够的输入量。而网络环境下的大学英语教学正符合这种理想的输入环境。

（三）任务型教学模式概述

基于网络的自主学习反映出任务型教学模式所倡导的发挥学生主体作用的理念。任务型教学模式是建立在第二语言习得研究基础上的一种具有重要影响的语言教学模式，是在建构主义教学理论基础上形成和发展起来的。这是 20

世纪 80 年代兴起的一种强调“在做中学”的语言教学方法，认为掌握语言大多是在活动中使用语言的结果，而不是单纯训练语言技能和学习语言知识的结果。它以具体的任务为学习动力和动机，以完成任务的过程为学习过程，通过任务成果来评价教学的成效。任务型教学模式体现了以学生为中心、强调学生协作学习的新的教学理念。任务型教学模式最根本的特点就是“以任务为主线、以教师为主导、以学生为主体”，改变了以往“教师讲，学生听”这种以教定学的被动教学模式，创造了以学定教，学生主动参与、自主协作、探索创新的新型学习模式。通过实践，我们发现任务型教学模式有利于激发学生的学习兴趣，培养学生分析问题、解决问题的能力，提高学生自主学习及与他人协作的能力。

二、国内英语选修课程建设现状与实践

（一）选修课程建设现状

2007 年教育部颁布了《大学英语课程教学要求》（以下简称《课程要求》）。《课程要求》提出，大学英语是以外语教学理论为指导，以英语语言知识与应用技能、跨文化交际和学习策略为主要内容，并集多种教学模式和教学手段为一体的教学体系。根据《课程要求》的精神，多数高校都从大学英语课程设置入手，开设了大量的英语语言技能类、语言文化类和专业英语类选修课，以求大学英语教学发生质的变化。

目前，国内大学英语教学大多是分级教学或把大学英语分为听、说、读、写、译五部分进行模块式教学。大学英语教学借助现代化教学手段授课，开设了有利于学生个性化学习的实用性较强的英语选修课程，从多角度培养学生的英语综合能力，也为一部分基础较好的学生达到“较高要求”或“更高要求”提供了有效的支持。

然而，部分学生对学习英语选修课的积极性并不高，认为选修课对提高英语听说能力作用不大，实用性不强，尤其是听说能力的改进不明显。因此，要想真正提高大学英语教学效果，激发学生学习兴趣，应该注重选修课教学过程中学生综合应用能力的个性化培养，强调英语应用能力与专业的结合，同时要关注英语语言综合能力与自主学习能力之间的关系。

选修课的设置应把社会需求与学生学习放在第一位。根据学生实际需要设置大学英语选修课模块教学体系将有助于改进教学方法、优化教学设置，达到

改进教学质量、提高学生整体语言能力的效果。

（二）选修课程建设的研究与实践

大学英语教学在网络时代要彻底改革传统的以课堂讲授为主的选修课教学模式，以新的网络与课堂相结合的英语教学模式作为辅助，倡导“个性化自主学习”的理念，重点培养学生的自主学习能力，使英语选修课教学朝着个性化、自主学习和可持续的方向发展。

1. 构建以听说能力培养为中心，基于计算机网络的选修课课程教学体系

新的选修课教学模式应依据新时期大学英语教学立体化、网络化的特点，不断充实、丰富、整合、优化现有的教学资源，逐步建立以听说模块为基础的选修课课程体系，满足学生不同层次的自主学习需求，为读、写、译和文化类等高一级模块的选修课学习打下良好的基础。例如，在已有的必修课程基础上，开设英语视听说、口语陈述两门基础选修课程。该类课程凸显听说能力培养，强调语言能力与专业相融合，作为其他提高类语言技能类、语言文化类课程的基础，可以提高学生的学习兴趣，间接地优化模块式英语选修课程教学体系。在第三学期、第四学期，开设大学英语视听说课程、口语陈述课程，利用已有的网络平台，如新视野网络学习平台、iTEST 测试与训练系统平台、大学英语精品课程平台等结合课堂教学，进行有针对性的听说能力培养与训练，满足学生的要求，能够取得意想不到的效果。

2. 结合网络平台，构建基于网考的任务型教学模式、教学评价和自主学习的教学体系

针对我国大学生英语听说能力普遍不高的现状，2008 年开始试行的大学英语四、六级网考加大了听说部分的比例，体现出对语言应用能力的重视。网考的最大变革就是与听力相关的题型分值占 70%，其中包括 25% 的听力理解和 45 % 的综合听力，综合听力又包含单项选择、听写、跟读、回答问题、结构以及写作等题型。这项举措对于推进大学英语教学改革，促进英语教学的信息化起到了很大的作用。在这个大背景下，一些学院也在教学模式、教学评价和自主学习等方面进行了改革，旨在优化必修课、选修课教学模式。

张一平的《大学英语多媒体网络教学对学生英语听说能力的影响》一书，利用实验证明了多媒体网络教学模式对提高学生的听力理解能力具有较为显著的效果。大学英语多媒体网络教学通过校园网可以开发和利用丰富的网上资源，借助精品课网络平台支持，使学生共享资源，从而建立以学生为主体、以听说

能力训练为主要内容的全新教学模式。

课堂教学应改变以往的学生被动的教学形式，强调学生在课堂上的主动性，提倡小组合作式学习方式，强调讨论在学习中的重要性，鼓励学生进行主题式演讲以提高学生的思辨能力。课堂上为学生输入大量音频、视频材料，以听促学，注重听说实用能力的培养。教学过程中倡导任务型教学模式，鼓励学生在活动中使用英语，并将专业与英语表达结合起来。例如，学生用英语进行专业陈述，用英语流利地介绍自己的艺术作品，或者用英语介绍所参与的项目的立项、实施、结项等过程。学生在完成任务的过程中，将语言知识和语言技能结合起来，学生参与语言交流活动的积极性更高，想象力和创造性思维得到了很大的改善和提高，学生的主体性作用得到了充分的体现。课外鼓励学生以自主学习的方式有针对性地进行语言训练——听力、阅读、叙述、复述新闻的练习，这些手段能够有效地提高学生的听说能力，全面提高学生的英语综合能力。

基于网络平台的形成性评价模式不仅在必修课中起到一定的作用，也始终贯穿于选修课教学中，其作用不可估量。借助网络自主学习平台，可以将课堂教学评估、课外教学评估、同伴互评等多元评价形式融入整个教学活动中，能检验学生真实的自学能力、听力水平、思辨能力以及综合运用语言的能力。课内、课外教学评价相结合，能收到传统单一评价模式所无法比拟的教学效果。

学生专业课作业负担重，在这种情况下，借助新视野网络学习平台、iTEST 测试与训练系统平台、大学英语精品课程平台等进行自主学习显得尤为重要。任务型教学模式下的自主学习增加了学生的主动性，学生可以随时利用空余时间进行有针对性的英语学习，学习能力、自我监控能力都会得到提高，学生将受益无穷。

3. 创建网络环境下的英语应用能力与学生专业结合的选修课模式

在网络环境下，将学生的听说能力培养与专业学习结合起来，能够提高学生在本专业领域的英语口语和文字交流能力。调查显示，我国大学生迫切希望在基础英语到专业的全英语教学之间安排一些衔接性课程，使英语很好地为专业学习服务。口语陈述课正是符合这项要求的一门实用性较强的选修课程，该课程将口语表达能力与专业知识结合起来，有助于学生英语综合能力的改善。它把学生的口语能力培养与专业知识学习衔接起来，极大地满足了学生的需求，激发了学习兴趣，培养了学生在本专业领域的英语交流能力，更有助于学生创新能力的提高，深受学生的欢迎。

第三节　英语幽默情景剧在英语实用写作教学中的应用

一、英语幽默情景剧应用于英语写作教学理论

英语幽默情景剧应用于高校英语实用写作课堂是当前流行的一种新型教学模式。英语幽默情景剧能提供真实的或相关联的交际情境，弥补了英语实用写作教学缺少真实语境、书面化的缺点。利用英语幽默情景剧创设实用写作语境，有助于学生主动构建知识，完成意义建构，从而使知识得以有效的内化，达到提高学生综合运用能力的目的。

每一集幽默情景剧往往具备一个相对独立的、封闭的结构，集与集之间均是独立的。英语幽默情景剧随着信息全球化，尤其是网络的应用而得到了广泛传播。英语幽默情景剧既能给我们提供西方人进行交际的情景和语言，又能展现西方国家的历史、文化、风土人情等，它是大众文化的主要表现形式之一。在大学英语实用写作课堂中引入英语幽默情景剧，可以为教学设置相似的情境，为课堂学习创造幽默自然的学习气氛和真实、特定的语言环境，从而优化语言的教与学。

英语幽默情景剧往往能够为学生提供丰富且真实的生活场景，大量地道的语料能描绘出西方人的日常生活场景，集形象和趣味于一体，实现了语言和语境的融合。幽默情景剧通常以轻松、幽默的方式向学生展示交流语境和文化语境，将学生引入英语思维，激发学生对英语的兴趣。通过观赏幽默情景剧，学生能够在耳濡目染中实现知识的内化，有效地达到语言学习的目的。

二、高校英语实用写作教学中英语幽默情景剧的应用

《人人都爱雷蒙德》（*Everybody Loves Raymond*）是美国哥伦比亚广播公司（CBS）于1996年至2005年连续播出九季的情景喜剧，长期稳居美国收视率排行榜前5名的位置，并多次获得多项艾美奖。教师可以利用这部剧探讨如何有效地将英语幽默情景剧引入英语实用写作教学中，即把与实用写作主题内容相关的情景剧引入课堂，创建与实用写作主题相关联或相似的实用语境。在课堂中课本知识与英语幽默情景剧并用，可以使语言更加鲜活，使教学更加生动，使实用语境更加真实，更加接近实际生活。

（一）高校英语实用写作教学的特征和目标

英语实用写作实际上是特殊用途英语的一个分支。其目标是培养高校学生的英语实用写作能力，这既是教学大纲的要求，也是社会对毕业生英语应用能力的要求。根据大学英语的相关教学要求，英语实用写作课程的设计应该构建在科学的基础上，不仅要考虑学生的基本需求及社会的需要，还应该采取行之有效的课堂教学方法。

从课程目标来看，英语实用写作课不仅要使学生掌握应用文的基本写作技能，还应该促使学生深入了解应用文的运用语境及特征，进而使学生能够独立完成各种各样的实用写作文体。教育部也对大学英语教学提出了“转变思想，把以培养学生的阅读能力为重点转变到提高学生综合性实用能力上来”[①]的要求。当今社会对外语人才的技能要求更加注重实际运用能力，英语实用写作是一门应用性很强的课程。英语实用写作教学内容的庞杂性要求教师精心设计课堂教学，根据授课学生和社会的需求，将丰富的、真实的语言情境引入教学，最大限度地给学生创造接近真实的语言情境，不断探索新的教学模式，最终达到提高教学效果的目的。

目前，有些学生能够认识到英语实用写作的重要性，但是激发不起学习的兴趣，知识与实际应用脱节。有些教师仍然是一厢情愿地以单向知识传授和简单重复的方式进行英语实用写作教学，英语实用写作课堂沉闷呆板，教学常常呈现出缺少真实语境和过度书面化的特点。从学生的角度来讲，实用知识很容易理解，但是这些知识很难灵活有效地运用到实践中。鉴于此，在英语实用写作课堂中引入英语幽默情景剧，转变传统呆板的说教式教学方法，有利于调动学生的学习积极性，有效、生动、形象地展现各种实用文体所需要的不同应用语境，促使学生科学地掌握英语实用文体的应用语境，实现优化教学方法的目标。

（二）英语幽默情景剧在英语实用写作教学中的应用

语言的学习需要借助特定的情境。由于语言源自社会，因而语言的使用及学习也与社会情境密切相关。学习环境中的情境必须有利于学习者对所学内容的意义建构。在教学设计中，创设有利于学习者建构意义的情境是最重要的环

① 李喆．加强实用性英语教学提高大学生的综合能力[J]．教育教学论坛，2018(13):61–62.

节。利用英语幽默情景剧辅助英语实用写作教学，可以活灵活现地将情景剧及其背后的文化知识、社会背景等形象地展现出来。这不仅能够调动学生对英语的学习兴趣，而且能够在教学中提升学生的跨文化理解能力，提升学生使用目的语思维的能力，拓展学生的语言视野及文化视野。

1. 提供实用文体写作情境，使学生深入了解写作背景

英语各类信函的写作是英语实用写作中最基础的文体写作。随着世界一体化趋势的加深，英文商业信函的地位和作用逐渐凸显出来。但学生并不会真正理解这种重要性，因此，在教学过程中需要设置一些情境，帮助他们了解。例如，在讲解不同类型信函在商务活动中的作用（如增强合作、创造和谐的交流氛围等）时，教师可以引入《人人都爱雷蒙德》第 2 季第 11 集《一封来信》（*The Letter*）。该集主要内容是玛丽把黛布拉精心准备的聚会给搅和了，黛布拉忍无可忍给玛丽写了一封措辞强硬的信，把心里的不满、平时语言不易于表达的情感通过写信表达出来，最后两人互相原谅，和好如初。在课堂中引入这部短剧，一方面能活跃气氛，学生可以亲身感受特定的情境下，西方人使用的地道的语言；另一方面，学生可以了解信函的基本功能和作用。教师从这个方面着手，由浅至深，由私人信函渐渐扩展至商务信函，使学生真正了解其在国际贸易交往过程中的重要作用。

通常情况下，西方人士在大部分场合中均会书写感谢信，如接收到朋友馈赠的礼物，或者在困难时得到他人的帮助，或者出去旅行时受到当地人的盛情款待，除了当面致谢，西方人士往往还会通过写信的方式表达谢意。为了更好地帮助学生了解感谢信的使用情境以及感谢信的功能，在讲授这一内容时，教师可以引入《人人都爱雷蒙德》第 8 季第 2 集《感谢信》（*Thank You Notes*）。该集主要讲述了艾丽和罗伯特蜜月归来，玛丽因为艾丽没有给送结婚礼物的斯坦写感谢信而发火，以及围绕此事所发生的一些事，最终艾丽写了感谢信，事情以皆大欢喜而结束。教师在这里可以引导学生思考这样一个问题：玛丽为什么会为一封感谢信而耿耿于怀？通过问题的引导，开展小组谈论，大家畅所欲言，最终使学生理解感谢信的功能和使用情境，认识到感谢信属于个人信函，在西方国家使用比较普遍的情境是对馈赠礼物或曾经得到某人的关怀、照顾表示感谢。通过短剧干预教学，学生能够了解感谢信的书写要求。例如，对朋友赠送礼物表示感谢的信，一定要提到所赠的礼物以及自己对礼物的喜爱之情；再如，因为曾在对方家里小住而写的感谢信，一定要提到在对方家里居

住时的感受。

总而言之，利用英语幽默情景剧的干预创造实用文体的写作语境，有利于促使学生进行知识构建，并主动进行和完成意义层面的建构。这样，学生才能够真正将知识内化，才能够实现相应的学习目标。

2. 设置相似情境，提升学生的跨文化理解力

提升英语实用写作综合能力需要具有一定的跨文化理解能力，这就要求学生拓展实用文化视野。撰写工作简历、应对工作面试等都是英语实用写作中的重要内容。在讲解工作简历的撰写与应聘工作岗位等相关内容时，教师可以引入《人人都爱雷蒙德》第 3 季第 22 集《工作女郎》（*Working Girl*）。该集主要讲述黛布拉想从烦琐的家务中解放出来，于是找了一份新工作。但黛布拉第一天的工作就很不顺心，丈夫雷蒙德便想方设法帮助其找到工作的信心及方向。该短剧为学生提供了应聘工作时的具体场景，使学生深入了解应聘过程中应该关注的要点及与应聘相关的地道语料。与此同时，该短剧可以促使学生深入掌握整个应聘过程相关的知识。

在讲述应聘面试需要关注的注意事项时，教师可以给学生放映《人人都爱雷蒙德》第 6 季第 16 集《幸运西服》（*Lucky Suit*）。该集主要讲述罗伯特要去参加 FBI 的面试，准备穿着自己的幸运西服，结果玛丽却把幸运西服烫坏了。面试进行时，面试官加菲又收到了一封来自玛丽的传真，指责罗伯特的不足之处。罗伯特终于忍无可忍，做出一些不合时宜的举动，最终导致面试失败。看完幽默的短剧，教师可以引导学生分组讨论罗伯特最终应聘失败的原因以及应聘面试的注意事项，最后学生进行总结。总结中可以指出：应聘面试过程中，家人干预给人缺乏独立、自信的感觉；幸运西服给人迷信的感觉；面试时，西服给人绅士的感觉，但是新衣服容易使人紧张；面试前，不要紧张，不要自言自语等。同时，教师还可以对学生所列出的注意事项进行拓展，对应聘注意事项进行全方位的总结，使学生在参与过程中主动构建知识，实现促使学生熟练运用所学知识的教学目标。

英语情景剧的引入将促使学生最大限度上感悟真实的语言环境，在真实的语境中增强对语言的理解。选择英语幽默情景剧的时候，教师应始终坚持以教学需要为导向，科学合理地、有针对性地选用此类教学辅助资源，使之真正为教学服务。

第三章　应用语言学概述

第一节　应用语言学的概念

一、应用语言学的界定

应用语言学（Applied Linguistics）是研究如何运用有关语言、语言学习、语言使用的知识来达到一定目的或解决现实中的问题的学科。[①] 正如威尔金斯（D.A.Wilkins）所说："广义上说，应用语言学帮助我们进一步了解语言在人类事务中的作用，为那些负责作出与语言相关决策的人们提供必要的知识，决策场合可以是教室、工厂、法庭或实验室。"[②] 广义的应用语言学指人们将语言学的理论、方法和成果应用于其他学科，以解决其他学科中与语言相关的具体问题。

狭义的应用语言学一般指语言教学，特别是第二语言的教学或外语教学，包括语言习得、课程设计、测试、对比分析、错误分析、语言运用分析、语篇分析、学习和交际策略、图式理论等。

我们在社会生活的方方面面都会使用语言，语言与其他议题的结合处、接触面数不胜数，因此应用语言学应当是一个包容万象、海纳百川的学科，内容涉及我们能接触到的所有领域。

二、应用语言学的特性

从应用语言学的研究领域和范围来看，这是一门独立的和跨学科的应用性、实验性科学。

第一，应用语言学是一门发展中的独立学科。应用语言学作为一门学科的历史并不长，始于20世纪40年代，当时美国为了适应战争的需要，设立了一个"军队特别训练课程"，对派往海外参战的部队进行外语培训。培训工作在语言学家的指导下进行，布龙菲尔德应邀编写了一本手册《外国语实际学习导引》（*An Outline Guide for the Practical Study of Foreign Languages*，1942），布洛赫（Bloch）和特雷杰（Trager）编写了《语言分析纲要》（*Outline*

① 塞尔斯·穆尔西亚．英语教学语法 [M]. 北京：北京大学出版社，2002：34.

② 威尔金斯．外语学习与教学的原理 [M]. 北京：国际文化出版公司，1987：10.

of Linguistic Analysis，1942）。战后弗赖斯（Fries）等人创办了《语言学习》（*Language Learning*）杂志，副题叫《应用语言学季刊》（*Quarterly Journal of Applied Lingustics*），公开使用了“应用语言学”这个词。英国爱丁堡大学于 1958 年成立了应用语言学学院，美国于 1959 年成立了应用语言学中心。这些举措都是应用语言学发展的重要标志。1964 年标志着应用语言学逐渐走向成熟：第一届国际应用语言学大会在法国 Nancy 召开，成立了国际应用语言学协会（Association Internationale Linguistique Applique ē，AILA），随后每三年召开一次国际大会。

虽然应用语言学目前还不完善，还没有形成完整的理论科学体系。但是，应用语言学作为一门独立学科的地位是不可动摇的，它有自已独特的研究对象和研究方法，而且各国都成立了应用语言学研究中心，陆续出版了应用语言学教材、专著和学术刊物，许多大学本科和研究生教学也相应设置了应用语言学课程和研究方向。在中国，应用语言学从 20 世纪末开始如雨后春笋般地发展起来。从 1978 年开始，语言学和应用语言学被列入高等学校的学科目录，并开始招收和培养硕士和博士研究生。许多大学成立了“外国语言学及应用语言学研究中心”，专门从事应用语言学研究，许多高等院校的学报开始刊登语言教学相关文章。北京外语教学与研究出版社和上海外语教育出版社出版了多套语言学和应用语言学丛书。

第二，应用语言学是一门跨学科的综合性学科。研究应用语言学不仅需要语言学知识，也需要相关学科的知识。例如，语言教学研究要汲取教育学、心理学、第二语言习得、学科教学论等学科的理论和方法，研究语言规划离不开符号学、语言学、社会学、政治学、民族学理论和方法的指导，研究社会语言学需要社会学、语言学、文化学、人类学、统计学、心理学、教育学等学科的理论和方法，研究计算机语言学要跟计算机科学、数理逻辑、人工智能、信息论、控制论等学科结合。正因为语言学在不同领域与不同学科的结合，才产生了应用语言学的分支学科，如社会语言学、心理语言学、神经语言学、计算机语言学、人类语言学、文体学等。从这个意义上讲，应用语言学具有跨学科的性质，是一门跨学科的综合性学科。

第三，应用语言学是一门应用性学科，以解决问题为导向。应用语言学重点研究语言学在社会生活中的实际应用，解决各领域或学科中与语言相关的实际问题，如语言学习问题（语言习得、语言意识、语言使用、语境、语言的控制和自动化、语言学习态度等）、语言教学问题（资源、培训、操练、互动、理解、使用、语境、动机等）、语言接触问题（语言和文化）、语言不平等问题（种族、阶级、地域、性别和年龄）、语言政策和规划的问题（地位规划、语料库规划、语言生态学）、语言评估问题（有效性、可靠性、可用性和责任）、语言的使用问题（方言、语域、语言社团等）、语言和技术问题（学习、评估、机会和使用）、笔译和口译的问题、语言病理学问题（失语症、阅读障碍和身体残疾）等。

第四，应用语言学是一门实验性学科。应用语言学着眼于应用研究，解决实际问题，因此要借助实验、调查、观察等实证研究。总的来讲，应用语言学采用定性、定量或二者相结合的研究方法。定性研究主要有访谈、观察、日志、内省等方法，定量研究主要有调查法和实验法。研究者可以运用测试、问卷、访谈、观察、日志、内省等方法研究语言学习和教学领域的问题，运用田野调查、观察等方法考察语言使用的地区、行业和社会阶层特点等社会语言学问题，运用定量分析法对口语语料进行数理统计和分析，运用实验法对语音、词汇等层面的语言差异进行心理语言学测量和分析。应用语言学也有自己的理论，主要包括交际理论、层次理论（语言的层次与人的层次、交际层次密不可分）、动态理论（语言的时空分布反映了语言的层次，也反映了语言的运动）、中介理论（语言的中介状态）、人文性理论（语言在发展变化中表现出的文化性或习俗）、潜显理论。①

三、应用语言学的研究范围

应用语言学是一门跨学科的科学，几乎涵盖了所有涉及语言的领域。从广义上讲，应用语言学涵盖了所有问题驱动的与语言相关的领域，其研究范围从应用语言学研究的重要议题可见一斑。麦克唐纳（McDonough）归纳了应用语言学研究的重点和次重点议题。②

应用语言学研究的重点议题如下。

· 教师培训和教育。

① 于根元．语言能力及其分化：第二轮语言哲学对话 [M]. 北京：北京广播学院出版社，2002：45.

② 麦克唐纳．语言教育中的应用语言学 [M]. 杨连瑞，译．北京：世界图书出版公司北京公司，2009：61.

·培训和监督方法的发展、培训结构的发展。

·材料研发、试用和评价。

·教学方法和技巧。

·测试和评估、能力描述、成果的鉴定、测试人员的培训。

·第一语言教育、学校语言、第一语言语文能力的发展、语言意识。

·语言作为语法和词典的一般描述和作为需求分析的具体描述、学习者面临的特定情境中的语言描述、话语和体裁分析、语用学。

·教育评估。

·语言教育政策、多语社会的语言规划。

·语言和文化。

应用语言学研究的次重点议题如下。

·临床应用：言语治疗、语言障碍、儿童语言障碍的评估。

·法律语言学：法律语言的特点、规律及其运用。

·神经语言学：大脑中的语言表征、语言学习和脑损伤、关键期假说等。

·计算机语言学：机器翻译、语言数据的计算机分析等。

·翻译理论。

第二节　应用语言学的发展史

一、应用语言学正式形成之前

人类对语言及语言教学的兴趣可以追溯到公元前 4 世纪印度语法学家帕尼尼（Panini）的开拓性著作，其在书中基于现实问题的研究结果，探讨了对梵文的保护和讲授。可以说帕尼尼是迄今最早提出教授语法这一概念的人物。在古希腊时期，柏拉图（Plato）和他的学生亚里士多德（Aristotle）提出文法和修辞是研究哲学的基础，并设立了全面而丰富的课程体系（Schimitt&Celce）。对梵文的研究和讲授及对文法、修辞的研究实际上是应用语言学研究的雏形。

二、应用语言学概念的提出和早期语言教学法

1870 年波兰语言学家 J. 博杜恩·德·库尔特内（J. Baudouin de Courtenay）提出了应用语言学这一学科名称，并对“纯粹语言学”（Pure Linguistics）和“应

用语言学”进行了区分。而真正对语言的描述及教学法研究的加速变革始于20世纪。20世纪初，人们通常通过语法翻译法（Grammar- translation Method）教授第二语言。但语法翻译法过于注重对学习者语言分析能力的培养，而忽略了语言运用能力。同时，该教学法强调目的语的读写而导致了学习者口语交际能力的缺失。在这种情况下，基于语言运用理念而提出的直接法（Direct Method）得到发展。直接法强调口语教学，将听说视为基本技能，在教学过程中省略翻译步骤，淡化语法教学。但直接法模仿母语习得过程，没有考虑到一语和二语之间的差异。英语教学也对语言教师的水平提出了挑战。针对这些问题，英国的迈克尔·韦斯特（Michael West）在20世纪初提出了阅读法（Reading Method），通过对单词的控制和调配，提高学习者的阅读技巧。在第二次世界大战之前，语法翻译法、直接法和阅读法一直在二语教学中占主导地位。

三、结构语言学对应用语言学的影响

第二次世界大战期间，美国需要大量外语口语流利的士兵去往前线，传统意义上的语法翻译法、直接法和阅读法已经不能满足快速培训士兵语言技能的需要，同时自动机器的翻译和敌方军队密码的破译也为应用语言学的发展提供了机会。此时，以伦纳德·布龙菲尔德为代表的结构语言学（Structural Linguistics）得到了全面发展，并为听说法（Audiolingual Method）提供了理论依据，该教学法广泛运用于对士兵的外语强化训练中。20年后，拉多（Lado）仍然对听说法中的句型练习赞叹有加，认为句型练习尤其适用于解决母语迁移造成的学习问题。与此同时，对比研究方法为偏误分析（Error Analysis）提供了理论支撑，以至于在后来相当长时间内，偏误分析成为研究二语习得过程的主要方法。

四、应用语言学的奠定以及乔姆斯基学派对它的影响

随着乔姆斯基（Norm Chomsky）生成语法的出现，基于行为主义的结构语言学理论以及以该理论为依据的教学法遭到质疑。行为主义心理学认为语言学习过程是行为或习惯的养成过程，而乔姆斯基认为人类天生具有语言知识体系，我们称之为普遍语法（Universal Grammar），它存在于正常人的大脑中。普遍语法包括一套普遍原则，利用这些原则，可以不断合成短语；普遍语法还含有一系列参数，这些参数可以帮助和指导人们更好地进行语言操作。这也就解释了儿童为什么会很快地习得语言，尤其是母语。乔姆斯基理论否定了先前

的教学法，认为人类个体不是“学习”语言，如母语，而是在从儿童到成年过程中，自然体现语言习得。在他的理论中，语言教学的作用并不突出，因此没有提出以他自己的理论为依据的教学法。但是，由于乔姆斯基理论的研究对象是母语和母语习得过程，20 世纪 80 年代，一些学者开始以普遍语法作为理论依据和框架研究第二语言习得，由此形成了应用语言学中的一个重要组成部分——第二语言习得。

五、交际法的出现

20 世纪 70 年代早期，越来越多的学者不满足于乔姆斯基理论抽象而又理想化的概念，认为这一范式过于夸大和强调语言知识或语言能力，而忽视了说话者在其特有的群体中真实的语言行为。海姆斯提出了交际能力（Communicative Competence）概念，强调个人的语言能力不仅包括会写语法正确的句子，而且应该知道何时、何地对何人使用这些句子。

韩礼德提出系统功能语法，认为语言是人们行使社会功能的手段，这一研究语言的方法突出了语言的交际和动态特点，推动语言教学向交际法发展。然而，20 世纪 80 年代早期，一些学者逐渐意识到在实际课堂教学中仅仅采纳一种理论是无法保证教学成功的。例如，用交际法教学可以使学习者进行流利的口语交际，但是他们仍然会犯一些语法错误。交际法可以帮助学习者提高口语表达能力，但是不能保证他们在语言使用准确程度上有所提高。虽然在实际教学中交际能力这一概念同样也遭受了批评，但大部分应用语言学家认为“交际能力”概念的提出弥补了“语言能力”概念的不足。

六、应用语言学的综合性及跨学科发展

20 世纪 80 年代以前，应用语言学主要关注的是语言教学，但 80 年代后，许多研究者发现语言教学是一个涉及多方面的复杂过程，仅靠某一领域的理论是无法解决的，因此随着第二语言习得和其他相关学科，如社会语言学、认知语言学等的发展及其在应用语言学中的运用，研究者开始摆脱纯语言学理论的支撑，向多学科、综合性发展。词汇和语法研究就是应用语言学趋向综合性发展的一个很好的例子。传统的语法教学中，词汇被视为句法结构中的单个填充词，往往被当作个体进行教学和应用，但随着应用语言学的发展，词汇和语法不再被视为两个分开的语言方面，而语言的系统性来自词汇的选择和人们对这

些选择的语法行为（Schimitt & Celce-Murcia，2008），也被称为“词汇语法”。应用语言学也从单纯的语言教学研究转向以语言学习者为研究重心，并开始重视对教师素质、能力等方面的研究。

研究者试图利用实证研究，探索语言学习者的心理和智力发展过程促成了心理语言学。早在 20 世纪 70 年代，拉波夫（Labov）就开始探讨社会因素对母语使用的影响，80 年代泰荣（Tarone）等就将社会因素加入了第二语言使用的考量中，使社会语言学得以快速发展。研究者也开始重视语言使用的语境及其与语言交际的关系，因而促进了语用学的研究发展。同时，人们将社会因素与语境结合起来，分析它们在语言学习及使用中的特点和作用，形成了语篇分析这一研究领域。

随着现代技术的发展，计算机在应用语言学中的应用也得以全面发展，如计算机辅助中介语研究、计算机辅助错误分析、计算机辅助外语教学、计算机辅助翻译研究以及语料库语言学等。总之，应用语言学正朝着多学科、跨学科方向发展。

七、我国应用语言学的发展

我国的应用语言学研究起步于 20 世纪 80 年代初。1980 年吕叔湘先生在中国语言学会成立大会的发言中，强调了语言应用研究的重要性。1981 年高等学校第一批学科目录中就设立了“语言学及应用语言学”专业。1984 年语言文字应用研究所的成立和 1992 年《语言文字应用》杂志的创刊被视为我国应用语言学形成的标志。1995 年召开的“首届全国语言文字应用学术研讨会”确立了我国应用语言学应有的学科地位。但是这些发展主要针对汉语学科的应用语言学研究。外语学界的应用语言学研究应起始于 1980 年在广州召开的“应用语言学与英语教学”学术研讨会，该研讨会由广州外国语学院和上海外国语学院联合主办。1981 年，中国外语教学研究会成立；1985 年，由中国外语教学研究会和广州外国语学院联合主办的首届中国英语教学国际研讨会召开，之后定期召开相关会议；2002 年，中国英语教学研究会正式成为国际应用语言学会会员单位。随后，我国应用语言学研究蓬勃发展。

第三节　应用语言学的发展趋势

一、应用语言学的发展

（一）早期发展

语言学研究从开始到发展成熟经历了漫长的过程。公元前 7 世纪到 18 世纪为传统语法时期，19 世纪为历史语言学时期，20 世纪语言学进入现代发展时期。传统语法时期广泛采用规定性方法，该方法根植于以拉丁语或希腊语法为基础的拉丁模式，并将其用于其他语言。然而，这种应用通常并不适宜。学校的语法教学强调语法准确性、文字优美性。语法教学主要服务于英语写作。可见，传统语法教学注重文学性和准确性，有利于培养学生的文学素养，提高其写作水平。但是，传统语法教学延续拉丁语法教学模式，未能形成完整的语法教学体系，缺乏灵活性，对口语表达重视不足。

对语言和语言教学的研究历史相当悠久，可以追溯到古希腊时代。柏拉图和亚里士多德共同设计了一个课程，从好的写作（语法）开始，讲到有表达力的语篇，最后讲到辩证法发展，并提倡达观的生活方式。就英语来说，语言学描写始于18世纪下半叶。1755年，塞缪尔·约翰逊（Samuel Johnson）出版了《英语词典》（*Dictionary of the English Language*），它对英语词汇意义的解释很快获得了没有争议的权威地位，同时它也起到了规范英文拼写的作用。在此之前，英文拼写是相对自由的，如打印工威廉·卡克斯顿（William Caxton）1490 年抱怨说，根据各地发音的不同，eggs 可以拼写为 eggys，也可以拼写为 egges，甚至是 eyren。几乎在同时，罗伯特·罗斯（Robert Lowth）出版了《英语语法简介》（*Short Introduction to English Grammar*）。约翰逊致力于收集成千上万的英语词汇相关实际用例以对英语词汇进行描绘，而罗斯则规定了什么是正确的语法。但是，他没有专业语言学背景，又将英语语法建立在了古典拉丁语模式上，而这两种语言的组织方式极其不同。《英语语法简介》属于规定语法，而不是描写语法，它留给我们的是一套僵硬的英语语法规则，根本不能描写实际语言中的用法。例如：没有多重否定（I don't need no help from nobody!）；没有分裂的不定式（So we need to really think about all this from scratch.）；不能用介词结句（I don't know what it is made of.）。

这些规则尽管在罗斯写出来时没多大意义，但是随着时间的推移，教师和学生普遍讨厌含混不清，因此罗斯的语法概念一度被接纳为“正确英语”规则，并印刷出版。

（二）20 世纪应用语言学的发展

进入 20 世纪，英语语言学迎来发展的蓬勃阶段。索绪尔被誉为“现代语言学之父”，他在《普通语言学教程》中首次提出语言和言语之分，将符号分解为能指和所指，提出语言研究的共时性和历时性两个视角。索绪尔的系列学说和主张标志着现代语言学的形成。索绪尔首先摒弃了欧洲语言学对语言现象历时解释那种一统天下的做法，使语言学研究朝着对某个特定时期的语言结构进行描写的方向发展。① 索绪尔创造性地提出语言是符号系统的概念，开辟了现代语言学研究的新纪元。可以说，20 世纪的语言学是索绪尔语言学。

语言学在发展过程中出现多个流派，这些流派促成了语言学研究的不同发展阶段，推动语言学作为学科走向成熟。大体来说，对语言学发展影响力较大的流派包括布拉格学派、伦敦学派、美国结构主义语言学、乔姆斯基的转换生成语言学、韩礼德的系统功能语言学以及认知语言学。布拉格学派认为，语言是共时研究，主张语言的体系化研究，认为语言的重点在于其功能。

布拉格学派的主要贡献在于音系学研究以及音系学与语音学的区别。布拉格学派的代表人物包括特鲁别茨柯依（Trubetzkoy）、雅各布森（Jakobson）、马泰休斯（Mathesius）和扬·菲尔巴斯（Jan Firbas）。其中，特鲁别茨柯依是最有影响力的学者。首先，他指出语音的独特功能，对音素进行准确定义；其次，通过区分语音学和音位学、语体音位学和音位学，界定了音位学研究的范围；再次，通过研究音素之间的组合关系和聚合关系，揭示音素之间的相互依存关系；最后，提出了一套音位研究方法，如音位提取方法和音位组合研究方法。

独特特征理论是由雅各布森首先提出的。主要思想包括两个方面：第一，所有的特性都是二元的；第二，语音特征和音位特征存在区别。独有的特征是语音特征。雅各布森的独特特征理论认为：语音特征是潜在音系特征的表层实现，一个音系特征可以由一个以上语音特征实现，一个小组特征能够区分任何

① 刘润清，封宗信．语言学理论与流派 [M]. 南京：南京师范大学出版社，2003：94.

一种语言的音素，独有的特征可以根据发音或声学特征来定义。

伦敦学派是语言学发展过程中的重要流派，指英国的语言学派，代表学者包括布罗尼斯拉夫·马林诺夫斯基（Bronislaw Malinowski）、约翰·弗斯、韩礼德等。该学派重点关注情境语境和语言系统，其学说主要包括系统语言学和功能语言学两部分。语言学在正字法、词典编纂、速记系统的发明、拼写改革以及人工语言的创造等方面历史悠久。在伦敦学派的众多学者中，亨利·斯威特（Henry Sweet）是19世纪最伟大的语言学家之一，也是语音学家，著有《语音学手册》（1877年）。丹尼尔·琼斯（Daniel Jones）继承了斯威特的工作，于1910年完成《英语语音学纲要》。马林诺夫斯基的研究方向为语言的功能，他认为话语的意义来自它与语境的关系。总体来说，伦敦学派可分为两个阶段，即由马林诺夫斯基和弗斯创立、发展的时期与以韩礼德为代表的黄金时期。

弗斯（John Firth）是英国第一位普通语言学教授，使语言学发展成一门独立学科。弗斯认为语言是一个社会过程，是社会生活的手段，语言研究的对象是实际使用中的语言。弗斯区分了两种语境——情景语境和文本语境，认为语音分析的基本单位不是单词，而是在特定语境中的文本。弗斯对语言学的第二个重要贡献是他的韵律分析方法，称为韵律音位学，认为韵律单元包括重音、长度、鼻音化、腭化和吸气等特征。

韩礼德师从弗斯，继承并发展了弗斯理论，提出一种面向社会的功能语言学方法，将系统功能语言学发扬光大，且对语言教学、社会语言学、语篇分析、文体学、语料库语言学、机器翻译等学科影响深远。系统功能语法由系统语法和功能语法两部分组成。系统功能语法基于两个事实：第一，语言使用者实际上是在选择一系列系统中的某个系统，并在社会交往中发挥不同的语义功能；第二，语言与人类的社会活动是分不开的。系统性语法可用于解释语言作为一个系统的内部关系网络，或潜在意义，益于语言使用者作出选择。

系统功能语法由系统语法和功能语法两部分构成。其中，系统语法具有六个方面的特征：第一，它非常重视语言的社会学层面；第二，它认为语言是一种行为形式，而不是认知形式；第三，对特定语言特征和特定语言变体的描述具有较高的优先级；第四，它从倾向性的角度解释了语言的许多方面，即不符合语法—极不符合常规语法—不符合常规语法—较不符合常规语法—符合语法；第五，它试图通过文本观察和统计技术来验证其假设；第六，它以系统的类别为中心。就功能语法而言，韩礼德认为语言是为某些功能服务的。他认为儿童的语言发展是“对语言功能的掌握”“学习语言就是学习如何表达”。儿童语言模式有七个功能，即工具功能、调节功能、交互作用、个人功能、启发功能、想象功能和信息功能。人类语言的元功能包括概念功能、人际功能和文本功能。其中，概念功能指传达新信息，即听者不知道的内容。情态功能表示说话人表达自己的判断或做出预测，如：“把茶壶给我！”文本功能可以突出显示文本的某些部分。例如：“我尊重权威，但我谴责专制主义。”根据韩礼德的观点，从句同时实现了概念意义、人际意义和文本意义，如“How do you do?”。

曾风靡一时的美国结构主义语言学发轫于20世纪初，记录濒临灭绝的美国印第安语，代表人物包括鲍亚士、萨丕尔、布龙菲尔德等。结构主义语言学主张，语法范畴的定义不应以意义为依据，而应以分布为依据。每一种语言的结构在描述时不应提及所谓的普遍性，如时态、语气和词类。结构主义语言学具有四个方面的特征：第一，结构语法描述在语言中发现的一切，而不是制定规则；第二，结构语法是经验主义的，旨在客观性，即所有的定义和陈述都应该是可验证或可反驳的；第三，结构语法的研究范围覆盖所有语言，识别和处理每一种语言的独特性；第四，结构语法描述了构成一种语言的结构或使用的最细微的对比，这些对比不限于在某些特定的使用中可以发现的对比。

结构主义语言学难免存在不足之处。第一，其宗旨仅限于描述语言，而没有解释语言现象产生的原因；第二，未能产生任何可与综合传统语法相媲美的完整语法；第三，它没有给出一个适当的处理意义。结构主义语言学的代表人物之一萨丕尔是一位杰出的人类学家和语言学家，以萨丕尔—沃尔夫假说而闻名。美国描写语言学是结构主义三大流派中影响最大的流派。语言学家伦纳德·布龙菲尔德是美国描写语言学的主要代表人物。如果说人类学家鲍亚士和语言学家萨丕尔是美国描写语言学的先驱，那么布龙菲尔德则是美国描写语言学的奠基人。他开创的美国结构主义语言学及其观点和理论奠定了美国描写语言学的理论基础，并对后来的语言学家，如海里斯（Z. Harris）、霍凯特（C. Hockett）、派克（K. Pike），以及中国的著名语言学家赵元任等均产生了巨大影响。1933年到1950年被称为布龙菲尔德时期，他主张用行为主义研究的学科术语描述语言现象和语言习得。在《论语言》（*Language*）一书中，布龙菲尔德详细阐释了语言观点和原则。

美国语言学家乔姆斯基著有《句法结构》（1957）一书，它的问世是转换生成语法诞生的象征。乔姆斯基的生成语法与结构语法在许多方面都有不同。结构主义语言学和乔姆斯基生成语法最根本的区别在于语言学习观的差异，转换生成语法遵循理性主义和心智主义原则，而结构主义语言学秉承经验主义和行为主义。从定义来看，结构主义语言学认为语言是一系列习惯，生成语法认为语言是一套规则。从研究目的来看，前者目的在于描述语言，后者在于生成语法。从数据来源看，前者的研究数据来源于自然产生的语言，后者的研究对象可以是任何数据。就研究方法而言，前者采用归纳法，后者运用假设—演绎法。

乔姆斯基的《句法结构》一书推动语言学现代发展进入新阶段，且该书将非语言因素纳入语言学的研究范畴，拓宽了语言学的研究广度，为语言学研究增加了不同维度。这一时期，英语语言学研究实现了从莎士比亚风格到具有独特学科特色的完整语言系统的转变，逐渐成为科学方法论和研究方法兼备的专门学科。

乔姆斯基将语言分为语言知识和语言能力，前者指说话人掌握的语言知识，后者指说话人对语言的实际运用。在生成语法中，乔姆斯基主张用有限的规则产生无限的句子，目的在于探讨人类认知系统的普遍规律，揭示人类的本质。“天赋论”是生成语法的一个重要观点，认为孩子应在有限的时间内，从有限的接触语言开始，学习语言的全部语法。乔姆斯基认为，语言在某种程度上与生俱来，孩子们天生就有一种语言习得“装置”，这是一套适合他们语言学习的独特知识。

《句法结构》一书是生成语法发展的第一个阶段——经典理论时期的代表作。该理论具有三个特点：第一，强调语言的生成能力；第二，转换规则的引入；第三，描述语法但不考虑意义。由于转换规则太强大，而一些英语动词没有被动结构（如“Mary was married by John.”），因此被动语态的转换规则不能随意使用。尽管生成语法实现了对结构主义语言学的根本突破，但其经典理论依然存在一系列问题，如短语结构规则既可以产生结构正确的句子，也可以产生结构不正确的句子。对这一问题的修正，即推动生成语法进入第二阶段。

生成语法发展的第二阶段是标准理论。在《句法理论的若干问题》（*Aspects of the Theory of Syntax*）中，乔姆斯基作出了显著改变，在其语法模式中纳入了语义成分。他认为，生成语法应该包括三个组成部分：句法、语音和语义。乔姆斯基标准理论对经典理论的改进体现在五个方面：第一，转换应只改变句子的形式，不能改变意义；第二，为了排除“Wine drinks John”这类句子的生成，有了一个选择限制，以确保有生命的名词（John）出现在动词（drink）之前，而无生命的名词（Wine）出现在动词（drink）之后；第三，为了不产生变形的句子，对变换进行了限制；第四，在重写规则时，箭头右侧引入符号 S，使得规则有 VP → VP+S，NP → NP+S；第五，规则的顺序是适当的，应用规则需要遵循固定顺序。标准理论弥补了经典理论对语义考虑不足的缺陷，但出现了五大问题：第一，转换规则仍然过于强大，因为它们可以移动或删除语言片段，改变类别，保持原意不变，并根据具体情况而变化；第二，标准理论认为，“批评”“解释”等派生名词与其对应的动词具有相同的语义属性，但任何形式的转换都必然会改变句子的意义；第三，句子在转换后会改变预设；第四，标准理论不能解释缝隙结构；第五，对更多类型结构的研究表明，许多转换规则必须具有复杂的约束，以避免产生不符合语法的句子。

扩展标准理论是生成语法发展的第三阶段，在扩展标准理论中，乔姆斯基对其标准理论进行了两次修正。第一次修正被称为扩展标准理论（Extended Standard Theory，EST），第二次修正被称为修正的扩展标准理论（Revised Extended Standard Theory，REST）。在对标准理论的第一次修正中，乔姆斯基将部分语义解释移到了表面结构上。第二次修正涉及整个理论框架，乔姆斯基将语义解释完全置于表层结构之中，从语义解释规则中衍生出逻辑形式表征。因此，语义被排除在句法范畴之外。

管辖与约束理论（The Theory of Government and Binding）代表生成语法进入了第四个发展阶段。管辖与约束理论将研究引向了一个新的方向，即空范畴。乔姆斯基认为，通过空范畴，我们可以进一步了解语言的机制。管辖与约束理论由 X- 阶标理论（X-bar Theory）、论旨理论（θ-Theory）、边界理论（Bounding Theory）、管辖理论（Government Theory）、案例理论（Case Theory）、控制理论（Control Theory）和约束理论（Binding Theory）组成。

极简方案（The Minimalist Program）则是生成语法的最后发展阶段。极简方案的动机是两个相关的问题：人类语言能力应该满足的一般条件是什么？语言能力在多大程度上由这些条件决定，而不超出这些条件的特殊结构？

如果说转换生成语法是对结构主义语言学的革命，认知语言学则是对转换生成语法的挑战。认知语言学与生成语法相对立，起始于 20 世纪 70 年代，20 世纪 80 年代开始活跃。认知语言学认为，语言和语言的使用基于我们的身体经验和概念化方式，认知语义学和认知语法是其重要组成部分。认知语言学认为，意义是通过身体获得、体验并表现出来的，语言在本质上是象征的，是人类认知的重要组成部分。目前，认知语言学研究主要有三种观点；经验观、凸显观和注意观。经验观的认知语言学家认为，我们对世界的共同体验也存在于我们的日常语言中，因此可以从我们表达想法的方式中获得。凸显观的认知语言学家认为，我们表达的信息的选择和排列是由信息的突出程度决定的。注意观的认知语言学家认为，我们实际表达的内容反映了事件的哪一部分吸引了我们的注意力。认知语言学的特征是以使用为基础，强调语义的重要性、区别的模糊性。

认知语言学有一系列重要概念，如范畴。关于范畴，经典理论有四个假设：第一，范畴是由一组必要、充分特征来定义的；第二，特征要么在类别的定义中，要么不在类别的定义中；第三，范畴有明确的界限；第四，一个类别的所有成员都有平等的地位。范畴的解释力体现在两个方面：一方面，解释人们如何处理一个类别的非典型例子，如“企鹅”是鸟；另一方面，解释人们如何处理损坏的例子，如一只单翼的知更鸟仍然是一只鸟，一头三脚的狮子仍然是一头狮子。范畴有不同的分类级别，即一个对象可以属于许多不同的、相关的类别。从更高的、更一般的上级到具体的基层，再到更具体的下级，如“家具”→“椅子”→“办公椅”，这些类别逐级排列。基本水平的范畴特征包括感知（如整体感知形状、单一的精神形象、快速识别）、交流（最短、最常用、上下文中立的词语，最早由儿童学会，最早进入词典）、知识组织（类别成员的大多数属性都存储在这个级别）。

认知语言学认为，隐喻是概念的一种属性，是我们对抽象范畴进行概念化的有力的认知工具。隐喻在日常生活中无处不在，不仅在语言中，而且在思想和行动中。我们通常的概念系统，即我们思考和行动的系统，本质上是隐喻性的。莱考夫（George Lakoff）和约翰逊（Mark Johnson）认为，隐喻的本质是用另一种事物来理解和体验一种事物。[①] 典型的概念隐喻，如“爱情是旅程”（Love Is a Journey）、“思想是食物”（Ideas Are Food）、“辩论是战争”（Argument Is War）、“爱情是植物”（Love Is Plant）、“爱情是火”（Love Is Fire）。

概念转喻是认知语言学的又一重要研究内容。转喻是一种认知过程，其中一个认知范畴（来源）为另一个认知范畴（同一认知领域）内的目标提供心理途径。

① 莱考夫，约翰逊．我们赖以生存的隐喻 [M]. 杭州：浙江大学出版社，2015：37.

约翰逊在1987年提出，认知语言学的另一个重要概念是意象图式。意象图式指我们的知觉互动和运动程序的重复的、动态的模式，它使我们的经验拥有了连贯性和结构。他提出的意象图式包括以下五种类型：第一，中心—边缘图式，如苹果的结构、个人的社会范围；第二，包容图式，包括物理的或隐喻的边界、封闭的区域或体积、排斥的区域或体积；第三，循环模式，包括重复的事件和事件序列，如天、周、行走等；第四，强迫图式，包括物理或隐喻的因果互动，如吸引、平衡、强迫、反力、转移；第五，联系图式，如一个孩子牵着母亲的手，有人在墙上安了一盏灯，亲属关系等。

象似性（iconicity）也是认知语言学的一个重要概念。索绪尔认为，语言从根本上是任意的，语言符号和它们代表的思想之间没有必然关联。认知语言学认为语言元素在句法上是有序排列的。语言的象似性原则支配着语法元素的顺序，因为语言的结构在某种程度上反映了经验的结构。例如，“才饮长沙水，又食武昌鱼”的排列顺序就是这两个事件的发生顺序。象似性的三个主要类型分别是顺序的象似性、距离的象似性和复杂性的象似性。顺序的象似性是指语言结构的顺序映照人们的思维顺序。距离的象似性指在概念上属于一类的事物往往在语言上被放在一起，而不属于一类的事物则被放在远处。复杂性的象拟性反映了概念的复杂性。

语法化是指一个独立的单词转变为一个语法成分的过程。例如，“full”由原本独立的形容词变成后缀，如单词“mouthful”“spoonful”等。语法化不仅是一种句法变化，而且是一种影响形态、语音和语义的整体变化。

综上所述，语言学的理论发展经历了传统语法到现代语言学的转变。这些理论虽观点有别、方法各异，但殊途同归，为人类探索语言的奥秘提供了不同的视角和维度，同时为推动语言学理论研究向纵深发展做出重要贡献。理论研究属于基础研究的范畴，是应用研究的依据和根基。理论研究为应用研究提供理论基础，应用研究检验理论研究，并为理论研究提供实践成果。理论语言学与应用语言学相辅相成，从理论和实践两个方面为人类解码语言提供方法和证据。

二、应用语言学研究理论发展趋势

国际应用语言学研究涉及学术写作、教育教学和语料库语言学，国内研究则重点围绕教育教学展开。尽管近年来应用语言学研究呈现多元化特征，但语言教育、教学仍然是其关注的焦点。语言教学是应用语言学的常用领域，包括本族语言教学、二语习得相关领域等。

随着国内外应用语言学研究的发展，应用语言学与其他学科的融合不断加深，在研究方法向多元化发展的同时，逐渐开始探索自身的理论。于根元在《应用语言学的基本理论》一文中，对应用语言学的基本理论作出了详细而深入的论述。他认为，语言学不应单单划分为理论语言学和应用语言学，应分为三类：本体语言学、应用语言学和语言学理论。应用语言学基本理论包括交际理论、层次理论、动态理论、中介理论、人文性理论、潜显理论等。交际理论居于总纲地位，是本体语言学和应用语言学高层次结合的纽带，也是二者理论相互促进的纽带。[①] 层次理论指语言由较为稳定的内核和较为活跃的外核及中介物构成，服务于交际理论。动态理论反映了语言的本质，及语言在发展变化过程中自我调节的规律运动，社会发展是语言发展的外部动力。中介理论体现了语言发展变化过程中的对立统一。语言存在中介状态，任何语言都是中介语。语言研究关注的是语言运动中的个性和共性。人文性理论指语言的社会性。潜显理论指语言在时空中运动时，始终处于潜和显的过程中。

在我国的应用语言学理论回顾性研究方面，于根元认为应用语言学理论方面有了重要的发展，提出应用语言学既总结规律，也有理论、原则、方法。这个认识调整了语言学内部的分类：语言学里分本体语言学、应用语言学，二者都有理论，二者理论的融合和提升是语言学理论，属于前者的基础部分是普通语言学，属于后者的是应用语言学理论。过去的普通语言学里包含的一部分应用语言学理论需要分出来，但是二者还是需要有交叉的部分。[②] 在实证研究方面，文秋芳统计了 2001—2015 年 8 种国际应用语言学 SSCI 期刊的 39 篇研究论文，考察我国应用语言学理论国际化的标准与挑战，以探索其国际化发展思路。研究将所选论文分为五种类型：验证型、问题型、描述型、演示型和解释型。结果表明，我国应用语言学研究处于学术国际化的初级阶段，存在两大问题：第一，SSCI 论文发表数量有限；第二，研究创新性不足。面临的挑战包括缺乏理论意识和对中国传统教育理论的自信。我国应用语言学研究者应该提高应用语言

① 于根元．语言能力及其分化：第二轮语言哲学对话 [M]. 北京：北京广播学院出版社，2002：54.

② 于根元．中国应用语言学的形成和发展 [J]. 语言文字应用，2010（01）：8.

学理论的本土性、原创性和国际可理解性，增强应用语言学学科在国际学界的话语权和影响力。

应用语言学与理论语言学并非对立面，也不仅仅是借鉴普通语言学理论解决其他学科的语言问题，而是语言学的一体两面，应用语言学通过实证研究从实践的角度为语言学理论提供佐证。一方面，他山之石，可以攻玉。应用语言学理论发展可借鉴其他学科的理论发展路径，如心理学、社会学等。另一方面，不同的语言学理论流派之间应相互交流、学习和借鉴。学者许余龙认为，不同流派的语言研究者应当通力合作，从不同角度解释语言现象，从而推动学界对语言及其运作规律形成更加全面的认识。学者张荣萍认为，尽管应用语言学研究有数十年历史，但其理论发展尚未成熟，仍处于初级阶段。因此，我们在验证和丰富语言学理论的同时，应发展自己的理论体系，推动应用语言学理论研究的发展。一是提高语言学理论研究的层次和水平，二是大力拓宽实证研究的范围和领域，二者形成合力，细化学科分支，总结语言规律，在丰富理论的基础上，更好地解决实际问题，推动语言学研究创新、发展，并向纵深推进。

第四章　应用语言学的核心领域

第一节　二语习得

一、二语习得的概念

二语习得是“第二语言习得”的简称，其译自英语 Second Language Acquisition，简称 L2 Acquisition。二语习得是指人们逐步提高第二语言能力的过程，而对这一过程的研究就是“二语习得研究”。二语习得是应用语言学的重要研究领域之一，对于探索语言的本质和提高第二语言以及外语教学效果具有重要的理论意义和应用价值。

（一）二语与外语

“二语”是二语习得研究中的首要概念，通常是指学习者在掌握母语之后所学的任何一种语言。从广义上来讲，二语既包括二语，也包括三语、四语、五语等，还包括外语。外语一直被看作母语的反义词，随着二语习得研究的兴起，人们才将外语与二语区别开来。从社会语言学的角度来看，外语一般指非本国语言，外语学习是指学习者学习其他国家的语言。例如，中国学生学习英语，美国学生学习汉语。正常情况下，人们先学习母语然后学习外语，因此外语一定是二语，而二语不一定是外语。通过上述分析也可以看出，二语涵盖外语，但不等同于外语。

尽管广义的二语包含外语，但狭义的二语与外语仍存在显著区别。从学者的角度而言，二语与外语的区别集中体现在三个方面，即学习环境不同、学习目的不同和学习效果不同[①]，具体如表 4-1 所示。

表 4-1　狭义的二语与外语的区别

	二语	外语
学习环境	母语环境	非母语环境
学习目的	融入目的语国家的生活	到目的语国家旅游、进行短期学习或技术交流等
学习效果	尽快、全面掌握并使用目的语	不完全成功，石化现象

① 都建颖．普通学术英语教程：听说与思考 [M]. 北京：北京大学出版社，2013：75.

就学习环境而言，二语学习主要是在母语环境下进行的，如中国人在英国学习英语，美国人在法国学习法语等；外语学习主要是在非母语环境下进行的，如中国人在中国学习英语，美国人在美国学习法语等。就学习目的而言，二语的学习目的通常是全面地融入目的语国家的生活，外语的学习目的多是到目的语国家旅游、进行短期学习或技术交流等。就学习方式和效果而言，二语学习者通过与目的语的自然接触，在学习速度、深度上能够得到较快提高；外语学习者基本依靠科学教学，无法全面、成功地掌握目的语，甚至会出现石化现象。

（二）习得与学习

“学习”和“习得”在二语习得研究理论中是两个相对的概念，两者在含义上存在一些重叠和交叉点。

在克拉申（Krashen）看来，成年人如果想要掌握一门第二语言，可以采用两种方式。第一种是和儿童掌握母语一样的习得方式，第二种则是比较常见的学习方式。从学习方式角度来看，非正式的语言获得就是习得，这种方法最常出现于儿童获得母语的过程中；而通过掌握正式的语言规则来学习语言便是学习，即借助课堂教学等方式掌握第二语言。成年人获得第二语言最常见的方式就是进行学习。

根据人们获得一门语言时的心理过程看，在自然状态下获得语言的方式就是习得，通过有意识学习语言知识、掌握语言的方式就是学习。在心理学上，前者还被称为“内隐学习”，而后者则是“外显学习”。就语言获得的知识类型而言，以习得方式获得的知识是隐性语言知识，以学习方式获得的知识是显性语言知识。

虽然习得和学习有所不同，但二者是很难区分的。埃利斯（Elis）将习得和学习看作两个可以交互使用的概念，指出二语习得既包含自然状态下的语言习得，也包含课堂环境中的语言学习。

二、二语习得研究的学科定位与学科性质

（一）二语习得研究的学科定位

二语习得研究主要探索人们在掌握母语后是如何获得第二语言的，是系统地研究二语习得的本质和习得过程。

西方在 20 世纪的六七十年代展开了对二语习得的研究，许多国外学者纷

纷投入到了相关的学术讨论当中。刚开始的研究旨在对二语教学加以改进，之后发展至探讨语言习得机制以及二语知识的大脑表征等更深一层的研究，研究的重点在不停转移，研究领域也在持续扩展。如今，二语习得发展成了一门独立于普通语言学的、有着众多学科交叉的独立学科，其研究对象十分明确，有一整套语言习得理论知识体系以及相应的研究方法，迅速成为应用语言学的研究前沿。

（二）二语习得研究的学科性质

二语习得研究并不是一门单一的学科，它从众多的相关学科中吸收营养，但又不是这些学科的简单综合，有着跨学科的特点。具体而言，二语习得研究主要从语言学、心理语言学、社会语言学、心理学、教育学、社会心理学、认知心理学、神经语言学等学科借鉴和吸收有益的理论方法与研究手段为自己所用。反过来，二语习得研究对相关学科的研究和发展也有着重要影响，因为学科之间的借鉴、应用和发展都是相互的。

总之，二语习得研究是建立在综合应用语言学研究、心理学研究、教育学研究及其相互交叉学科研究等方面成果基础之上的，其研究方法和过程是把二语习得当作一个有结构特征的实体，充分揭示它的内部和外部矛盾，通过专门的研究从语言学研究、心理学研究、教育学研究理论中吸收能够解决矛盾的有用的成分加以综合、梳理，使这些有用的成分统一起来，从而认识二语习得这一复杂的过程。

三、二语习得研究的主要内容

关于二语习得研究的内容，大致分为理论二语习得研究和应用二语习得研究。理论二语习得研究就是建立二语习得理论体系，从语言学、社会学、心理学等角度研究二语习得的语言过程、心理过程和认知过程。具体研究学习者在掌握了母语之后如何学习另一种新的语言，研究学习者的习得情况、大部分学习者的第二语言无法达到母语水平的原因、母语对二语习得的影响、学习者运用第二语言的过程等。应用二语习得研究主要研究如何运用二语习得研究成果来改进外语教学方法、课堂活动、教材编写以及提高课堂教学效果，同时研究课堂语言教学对语言习得的影响，研究语言学习者的个体差异等。

二语习得是一个动态的非线性的复杂过程，受多种因素的影响，如语言因素方面的源语、目的语、第一语言的标记性、二语的标记性、二语习得的语境等，学习者因素方面的年龄、语言潜能、动机、态度、性格、认知风格、性别、兴趣等。

（一）情境因素

埃利斯表示情境因素主要是指交谈的环境、对象以及交谈主体等各种因素。比如，在课堂教学这个情境中，教师和学生就是交谈的主体，双方通过正规语言来学习语言里的一些显性特征，其中包括语法和词汇。这种情境也被克拉申称为“学习语言”，也就是学习者有意识对第二语言进行学习和认识的过程。在这个过程中，人的大脑起到了监察语言是否和语法规则相符、是否正确的作用，所以双方在交际时都会存在一些心理压力。然而，当人们处在自然的语言交流环境时，会将交际当作重点，注重表达意义，并不会过度关注语言的形式。这种交际的进行处在无意识的状态之下，所以交际双方也不会因此产生心理压力，更不会时时刻刻集中精神关注对方出现的语法错误。

（二）语言输入

语言输入是指在用第二语言听或读时所接收的第二语言输入的类型。乔姆斯基认为，输入只是开动了学习者“内在的语言习得机制”。问题的关键是向第二语言学习者提供适合其语言发展阶段的输入。话语分析的研究表明，第二语言学习者同说母语的人在一起能够进行有效的交际。这就是说，我们需要懂得互动关系，特别是有意义的协商，以理解输入和输出是怎样互动的。

（三）学习者的个体差异

很多人认为，儿童第二语言水平的提高不仅受各种情境和教学方法的影响，也受学习者个体差异的影响。例如，年龄、认知方式、学习语言的能力、动机、态度、性格等，都不同程度地影响着第二语言的习得。

（四）学习者的加工过程

在进行二语习得的研究时，只考虑到第二语言的输出与外部输入显然还不够全面。二语学习者在接收信息之后还需要进行一系列的过滤、加工以及组合工作。然而我们无法直接观察到这个过程，只能根据语言学习认知策略来进行大概的推论。对于教师来说，了解学习者使用了什么样的加工策略非常重要，因为只有这样，教师才能了解如何构成可理解的输入，才能知道创造出什么样的情境可以帮助学习者习得。在乔姆斯基看来，人的大脑机制有一种独特的语言功能，也就是“语言习得机制”，人们在语言的输入和输出之间会经历一个语言加工的过程，学习者大脑里固有的语法规则会在此过程中起到作用。

（五）第二语言输出

第二语言输出是埃利斯理论框架的最后一部分。埃利斯认为，学习者的语言水平并非固定不变，而是随着其所处的环境不断变化。斯温（Swain）则认为，有机会从事有意义的口头交际是第二语言习得中的一个必要组成部分。一个人可以懂得一门语言，但是如果缺少有意义的练习，那就不会说得流利、自然。

从二语习得过程来看，我国研究已开始侧重学习者接受输入语的话语分析，研究问题深入到了语言迁移、输入语、语言变异等，逐步从研究语言能力的习得过程，向研究学习者语用和跨文化交际能力的习得过程方向发展。

第二节　儿童语言学

儿童语言学是应用语言学的一个重要领域，对儿童语言学进行研究，有助于探究儿童语言发展的规律，了解儿童语言的发展情况。

通常情况下，儿童语言的发展有三个阶段，分别为语言准备阶段、语言发展阶段以及语言完善阶段。在研究儿童语言时，我们既需要遵守一些基本的规律，又需要注意到研究过程中可能存在的各种特殊情况。通过结合一般与个别情况，可以有效促进对儿童思维发展和语言习得规律的研究。初始阶段的儿童语言学还属于心理语言学的分支，但随着其不断发展，如今儿童语言学已经成为拥有完整体系的独立学科。

一、儿童语言学的研究对象

儿童语言学又叫作“儿童语言发展学”，它是研究儿童语言发展的过程、规律及其相关问题的学科。儿童语言的研究是基于心理语言学和发展语言学发展起来的，近年来呈现出独立发展的趋势。

儿童语言学是以所有与儿童有关的语言学习和习得现象为研究对象的，研究任务在于描述并解释儿童的语言学习和习得，总结归纳儿童语言学习和习得的规律。一般来说，儿童语言学有广义和狭义上的区分。

（一）狭义的儿童语言学

狭义儿童语言学研究的对象是儿童掌握其母语口语的整个过程，尤其是儿童在早期掌握母语的过程。所以它也被称为“第一语言习得”和“母语获得”。研究关注的问题主要是儿童语言运动能力是怎样发展的、语言各个子系统是如何发展的，以及与儿童语言运用相关的语言获得理论等。

（二）广义的儿童语言学

广义的儿童语言学研究的目的是能对儿童语言学习与习得规律进行解释与描述。除非存在无法跨域的语言学习障碍，所有儿童基本上都可以成功掌握母语口语和书面语，并且能多学习一门或者多门外语。存在语言学习障碍的儿童也会得到语言康复教育。因此，广义儿童语言学主要有四个方面的研究对象。

1. 第一语言口语学习

从儿童出生开始到其第一语言口语发展成熟这段时间适于研究儿童第一语言口语。然而，语言口语发展成熟的标准是什么？如何进行判断？这个答案存在主观上的度量，所以因人而异。另外，在研究儿童母语口语学习时，是否应该将标准语与方言的“双言现象”囊括在内也是一个问题。

2. 第一语言书面语学习

对于汉语学习来说，文字的学习不仅仅是学习一种记录语言的书写符号系统，也是对语素的完善性学习，如果不掌握汉字，就难以区分汉语的语素。因此，研究儿童第一语言书面语的学习，不仅涉及儿童文字的掌握，而且涉及书面语特殊词语、句子格式和表达方式的掌握，还涉及口语和书面语之间的相互影响。

3. 儿童的非第一语言学习

在多民族杂居的地区，儿童会接触“双语现象”乃至“多语现象”。随着时代的发展，儿童非第一语言的学习也成为一种普遍现象。当今社会对多语人才要求更多，一些儿童从小就开始学习双语乃至多种语言。因此，儿童非第一语言的学习问题应成为儿童语言学关注的重点问题。

4. 语言障碍儿童的语言教育

儿童具有语言学习障碍是指聋哑、弱智、自闭症和语困症（包括口吃和失语症）等，他们的语言学习问题已经引起了社会的广泛关注。要建立有较强解释力的儿童语言习得理论，就不能忽视这四种类型儿童的语言学习。

（1）聋哑儿童的语言发展。聋哑儿童的语言发展主要受到三种因素的影响:

聋哑出现年龄、聋哑程度以及聋哑儿童学习语言环境。

李宇明专门展开了针对聋童语言与康复问题的调查与研究，在他看来，聋童声母获得并不会受到年龄因素的显著影响，主要有三个原因。第一，聋童有不同的致聋年龄，一些为先天性，还有些是后天性，因此其语言基础不同，进而影响到之后的语言发展，但年龄大小对其影响不大。第二，聋童开始接受康复的年龄不同，每个年龄儿童的语言学习能力和特点都不同，并且致聋时间也对康复效果有着明显影响。第三，聋童有不同的训练时间，在进行训练之后接受了不同的继续教育，还有社会文化环境等都会导致极大的个性差异。所以在进行聋童声母训练时，要从聋童的实际情况出发，有选择地使用正常儿童语言习得成果，采用多种手段尽可能开发与补偿聋童残余听力。

（2）弱智儿童的语言发展。弱智儿童通常是指那些在智力测验中智商低于 70 的儿童。在研究儿童的语言能力时必须考虑到他们的智力损伤程度，因为弱智儿童的智力能力差别很大。对弱智儿童的研究集中在观察这些儿童的语言发展与正常儿童的区别，旨在了解弱智儿童的语言、语法、语义的发展。

在语音方面，多数研究表明弱智儿童的语音错误与正常儿童类似，尤其是语音替换规律几乎一致。

在语法方面，兰姆伯特（Lambert）通过实验证明，弱智儿童获得基本的语法结构较正常的儿童会晚一些，但是顺序及过程则基本正常。

在语义发展上，哥利登等（Gliddenet al.）通过实验指出，弱智儿童与正常儿童在处理语义上的差别并不在于词汇本身的语义结构，而在于他们从字库提取词汇的策略。实际上，弱智儿童对语义关系的理解与正常儿童基本一致，但是在自然会话中，动态动词占主要地位。

（3）自闭症儿童的语言发展。肯纳最早提出了“自闭症儿童”这个术语，该术语专门指在情绪、社交以及语言发展上存在严重缺陷的儿童。有自闭症的儿童也许口齿清晰，但在表达时往往会背诵出一些和上下文不符的句子和短语。自闭症儿童通常无法表达创造性语言，即便对自己表达的话语也并不存在交际价值。自闭症儿童在语言发展上的特点主要有四个：一是无法和他人进行交流，包括眼神上的交流；二是其所处环境必须稳定，行为也必须规律化；三是语言发展极为缓慢，无法表达出创造性的语言，语言能力较差；四是一般在两岁半之前就能确诊。

自闭症儿童的语音往往十分清晰，虽然其语言结构发展极为缓慢，但非常类似于正常儿童发展过程。有学者认为，自闭症儿童在语义方面的发展和正常儿童相比要低很多，他们也极少通过语义关系对语言进行理解。关于语用，相较于语言困难儿童，他们的语用能力非常差，并且几乎不会对语言与交际产生兴趣。

（4）语困症儿童的语言发展。语困症是指患病儿童先天就有语言障碍，从生下来之后就没有得到发展。语困症儿童通常并没有严重的大脑受伤痕迹，而且他们其他感觉、认知、情绪以及交际均正常。这些儿童可以在多方面正常发展，但是在语言上却停滞不前。

二、儿童语言学的研究内容

（一）研究儿童语言的发展过程

儿童语言学更加深入地了解儿童语言发展基本过程，对语言中的某些子系统发展过程进行充分观察与描写，对儿童语义系统发展情况、儿童语音系统以及儿童运用语言的情况进行充分的研究。

我国的儿童语言学起步时间比较晚，发展速度也比较缓慢。因此，李宇明主张，要对儿童语言发展相关材料进行充分、全面的搜索与描述。在他看来，这也是我国儿童语言界要尽快解决的重要任务。[①]

（二）揭示儿童语言的发展规律

描述并不是科学的目的，将描述当作基础来总结科学规律才能实现科学的意义。如今，学术界就儿童语言发展规律提出了一系列观点，如前置的语法形式比后置的语法形式先掌握、无标记成分比有标记成分先掌握等。但是，所揭示的规律十分有限，规律所依据的材料也不全面，因此这些规律的普适性还有待于进一步检验。

（三）探讨儿童语言学应用的理论和方法

科学的价值可以通过应用体现出来，科研成果的验证也离不开应用。儿童语言学是一门基础学科，不一定要解决应用的具体实践问题，但是这并不意味着可以忽视关于应用的理论和方法的探讨。对应用的理论和方法的探讨，可以通俗地理解为是对儿童语言学“有什么价值”和“怎样实现它的价值”问题的探讨。

① 李宇明．辞书与语言文字规范 [J]. 辞书研究，2004（04）：9.

三、儿童语言学的研究方法

（一）儿童语言测验量表

儿童语言测验量表是心理学家经过一定程序编制出来的由众多测验题目所组成的量表，它可以用来检测儿童的语言能力。言语障碍鉴别测验、皮博迪图片词汇测验以及麦卡锡交流发展问卷都是经常使用的儿童语言测验量表。

（二）临床法

皮亚杰的临床法适用于对 3 岁以上儿童的语言发展进行研究。

临床法主要有两种：其一为观察法，以此来记录儿童在托儿所进行游戏时的自发式话语；其二为实验法，以此来检测儿童传递具体信息能力的高低。具体实验过程为：向儿童提问某个词语有什么含义，儿童回答完毕后，研究人员会根据儿童的具体回答内容进一步提问，并确定儿童回答的真正含义是什么。[①]因为儿童对语言的掌握程度较低，所以他在回答时可能会使用许多存在歧义的词汇，而倘若成年人直接根据词义来理解，可能会对儿童想表达的意思产生误解。所以，使用临床法来展开对儿童语言表达能力的研究，可以帮助研究人员更快、更准确地了解儿童话语里的词的含义。

（三）日记研究法

日记研究法适用于对儿童语言早期表达能力进行研究。该方法可以将一个或者多个儿童当作研究对象。研究人员会在研究的过程中记录下儿童每天说出的话语，并通过对日记的分析找到儿童语言表达能力的特点与发展规律。日记研究法的优点：可以详细记录儿童说话时所处的语境，可以了解特定时期内儿童说话用到的词汇出现了什么变化，可以了解父母和儿童在每一个时间段怎样通过语言相互影响。

需要注意的是，日记研究法自身具有一些缺陷，如工作量比较大，以及研究者可能会在记录时夸大儿童的语言能力等。

① 陈昌来 . 应用语言学导论 [M]. 北京：商务印书馆，2007：301.

第三节　心理语言学

一、心理语言学概述

心理语言学诞生于20世纪50年代，是一门形成时间较短的新兴学科，其主要研究的是语言活动中的心理过程。

19世纪末出版的很多著作为心理语言学的产生奠定了基础，如1882年德国心理学家普赖尔（Preyer）的《儿童心理》（*The Mind of the Child*）、1907年德国心理学家斯特恩（Stern）的《儿童的语言》（*The Language of Children*）、1924年美国心理学家奥尔波特（Allport）的《社会心理学》（*Social Psychology*）等。

随着心理学和语言学的不断发展，两门学科相互融合，出现了“心理语言学”“语言心理学”等。

1953年，美国社会科学院的语言学和心理学委员会在印第安纳大学召开了一次学术讨论会，这次会议上的文件与报告由奥斯古德（Osgood）和西贝奥克（Seboek）于次年汇编为《心理语言学：理论和研究问题的概观》，这部汇编被理论界公认为心理语言学问世的标志。

二、心理语言学研究分析

（一）心理语言学的研究分支

近年来，心理学家与语言学家都越来越重视对心理语言学的研究。心理学家希望可以解释言语行为背后的心理基础，而语言学家则想验证其描写的语言结构和实际情况下人的内心处理语言的过程是否相符合。所以，心理语言学的诞生是一个必然事件，是心理学和语言学两个学科发展的必然结果。通常情况下，心理语言学以将认知当作基础的语言习得与使用心理过程为主要研究内容，包括许多相互联系而又各有不同的分支，如研究儿童语言习得的发展心理语言学、研究人类如何产生和理解语言的实验心理语言学、研究如何在其他领域运用心理语言学研究成果的应用心理语言学、研究如何建立起心理语言学计算机模型的计算心理语言学等。

（二）心理语言学的研究目标

心理语言学对于人们在习得与使用语言时需要提前具备的潜在能力与知识非常感兴趣，然而这种能力和知识是一种无法直观看到的心理过程。因此，我们必须借助对表面行为的观察与研究来作出大致推断，而这种表面行为就是言语行为，也就是言语的听与说。有一点需要注意，那就是此处的语言知识指的是某个人使用自己语言的能力，言语行为和这种语言知识并不属于相同范畴，我们一般会用言语和语言来作为不同概念的区分。人们讲出来的、可以被听到的话就是“言语”，而“语言”则是指语言系统，这种系统是抽象的，无法被听到。语言系统并不是行为，而是人们需要遵从的一种语言使用规则。无论是英语中的“language”还是汉语中的“语言”，都是单纯的名词，且不存在对应动词。

对于语言运用与语言能力之间的区别，乔姆斯基有着更进一步的理解：语言能力指人大脑里产生的一种可以根据本族语规则将声音和意义联系在一起的能力，而语言运用则是实际情况下对语言能力的运用。两者之间有着非常密切的关系。如果对语言没有了解，那就难以展开对言语的研究；反之，只有研究了言语，才能对语言进行更深层次的研究。心理语言学便是对人们的言语行为进行观察、分析和统计之后，研究人们习得与使用语言时具有的知识系统，而这种知识系统是从我们使用母语的能力中转移过来的。

米勒（Miller）指出，语言使用牵涉到五种知识。前三种知识和语言结构有关，即语音、词汇和句法知识。后两种与心理有关：一种叫作概念知识，说话人必须对他所生活和谈论的世界有所了解；另一种叫作信念系统，说话人用以评估他所听到的东西。人们在使用语言时依赖知识分层处理，而语言输入分层结构首先是语音。说话人从储存的知识里提取语音规则来处理语音，促成音素层面，一直到最后催生表征结构。“储存的知识”放在长时记忆里，而“过程”就是短时记忆，即人脑的“中央处理器”。由此可见，语言处理和人的记忆分不开。人的记忆里储存了各种各样的知识，主要是陈述性知识和程序性知识两大类。所以，研究语言使用的心理过程实际上是研究语言、记忆和认知三者的关系。这个过程相当于一个信息处理的流程，这个流程表现为如下一些特征：第一，信息处理的流程是一个开放性的系统，它和环境互相作用，体现为语言的输入和输出；第二，就这个流程本身而言，大脑的控制过程主宰了每一个环节，它既管辖了一些有形的生理机制（如眼、耳、口、手），也管辖了无形的心理机制（如感觉记录器、反应产生器、短时记忆和长时记忆）；第三，信息处理的核心过程是使用不同层次的记忆（处理视觉和听觉信息的感觉记录器、具有中央处理器作用的短时记忆、保存知识的长时记忆）来加工信息；第四，这个过程达到了符号心理表征系统的要求，它是有序的，体现了可计算性的原则。

（三）心理语言学的研究范畴

心理语言学的主要研究对象是语言习得和使用时的心理过程，而它正是因为这个特点而和以功能研究为目标的社会语言学以及以对结构研究为目标的理论语言学区分开的。由于结构、功能与过程是人们对事物进行认识时不可缺少的三个主要方面，所以我们研究的内容不能局限于功能和结构，还要包括过程。想要让结构实现功能，需要借助过程这个手段，但是由于过程和功能、结构相比，显得十分低调，所以它经常被人们忽视。作为解释人们语言习得、使用心理过程的科学，心理语言学的研究范畴如下：语言的生理基础（语言进化论、语言能力的遗传性、大脑和语言、语言和智力、大脑和认知），语言的心理机制（记忆的功能、记忆的结构），母语习得（儿童语言习得过程、各种语言习得理论），心理词汇（心理词汇和书本词典、词汇和意义、词的基本元素、口头词语和视觉词语、心理词汇的研究方法、影响词汇提取的因素、词汇提取模型），言语产生（言语失误、言语计划、言语产生模型），言语听辨（言语听辨的研究手段、言语听辨的主要问题、言语信号、孤立语音的听辨、连续性语音的听辨、言语听辨模型），句子理解（以句法为中心的语言理解、语言理解的性质、句子的即时处理、语境中的句子理解、句子的记忆）。

（四）心理语言学的研究内容

心理语言学的主要研究内容：思维与语言的关系，即到底是语言使用决定思维还是思维决定语言使用；语言在思维活动中的作用；语言习得的过程与途径。

心理语言学的研究方向包括语言理解、语言产生、语言习得、语言障碍、语言思维、语言认知等。下面对语言理解和语言习得展开分析。

1. 语言理解

在心理语言学中，语言接触频率以及语言具有的相似性会显著影响人们的语言理解与加工能力。也就是说，人类在学习语言时，可以通过语音和拼写等方式来加深对语言的理解。

语言理解的核心环节包括从语篇层面来理解语言、对词汇进行提取与识别、对句法和语法进行分析等，以下对此进行更深入的分析。

（1）单词辨识。单词辨识主要有两种，分别为口语单词辨识和书面语单词辨识。其中口语的即时性较强，因此在识别这一类词汇时，我们可以借助竞争模型、集群模型与交互模型等方式。而书面语的语言结构之间有一种对应映射的关系，所以可以使用形态结构对书面语言进行理解和辨识。

（2）句子理解。对句子的理解并不是指对句子中所包含词汇含义的简单叠加。心理语言学认为，只有了解了句子的语法规则并理解句子中隐含的表达，才能真正理解句子的深层含义。一般来说，句子理解可以通过串行模型和并行模型进行。

需要特别说明的是，人们一般认为并行模型描述了处理器如何运用所有相关的信息快速地评估一个句子所有可能的理解。在理解句子的过程中，人们通常会将已有的情境知识与语法知识有机结合起来。这也是理解句子的有效方式之一。

（3）语篇理解。语篇是按照一定的逻辑链条连接的，对语篇的理解一般会受到阅读者长时记忆与短时记忆的影响。

第一种为长时记忆。读者通过长时记忆积累一定量的背景知识。当阅读材料中的信息与读者的长时记忆中的信息有明显语义关系时，长时记忆中的信息便自动被激活，从而有助于提高理解的效率与质量。

第二种为短时记忆。读者在进行阅读时往往需要对文章线索进行提炼，同时还要对语篇中未出现的信息进行推测，这种提炼与推测活动在很大程度上受到读者短时记忆的影响。

2. 语言习得

瑞士心理学家皮亚杰认为，儿童的语言能力不是天生就有的，但其认知能力却是天生就有的。儿童借助认知能力，将从客观世界中获得的各种概念组成系列，从而获得语言能力。一般来说，语言习得主要包括以下几个阶段。

（1）独词句时期。独词句时期指的是儿童学习发音后两个月到一年的时期。在这个时期，儿童可以说出一些简单的词汇。例如：具体名词，如 nose、boat 、doll、car 等；表动作的词，如 come、eat 等；简单的形容词，如 cold、clean 等；简单的社交常用单词，如 want、bye、yes、no 等。

对上述词汇的使用可以让儿童进行简单的语言交流。由于儿童本身的差异性，独词句时期儿童的词汇掌握数量不尽相同。

（2）双词句时期。从一岁半开始，大部分儿童在语言习得方面都会有两个明显的进步，一是词汇量明显增大，二是掌握简单的句法。

在这个时期，儿童语言运用更加自如，语言使用的正确率也会提高。双词句时期的儿童可以利用双词句进行询问、评论、要求等。

（3）流畅会话时期。随着儿童词汇掌握数量的增加，其句子使用频率上升，语言能力得以迅速发展，逐渐过渡到流畅会话时期。流畅会话时期的儿童表现出以下几个语言特点：可以说出长而复杂的句子；说出含有 what、who、where 等词的特殊疑问句；可在句中使用 the、does、of 等非重读功能词；会使用动词的变化形式，如 -ed、-ing 和 -s 等；说出含有连接词、比较级、被动语态、关系从句等较为复杂的句子；可以将两个句子进行合并或嵌入。

三、心理语言学的发展历史

（一）初步成型的心理语言学（20 世纪 50 年代）

心理语言学的建立有赖于语言学和心理学的结合。从 20 世纪三四十年代开始便陆续有人提出了“心理的语言学”（Psychological Linguistics）、“心理语言学”（Psycholinguistics）、“语言心理学”（Psychology of Language，Linguistic Psychology）这样的概念。“心理语言学”被广泛地使用是在 50 年代以后。1953 年，卡罗尔（Carroll）发表了他对美国语言学和其他与语言学有关的学科的调查报告，在其中他不但交错地使用“心理语言学”和“语言心理学”这两个词，而且他相信，只有考察实际交际行为中人们的语言结构，才能对言语行为作进一步研究。心理学与现代语言科学学习理论的高度发展，使得两门科学有了结合到一起进行研究的可能，且可以运用到对学习、使用语言时人的心理现象的研究中。美国康奈尔大学为了确定这种结合是否具备可行性，在 1951 年向广大语言学家与心理学家发出邀请，召开了暑期研讨班，让大家一同定义心理语言学的研究领域。

1. 以学习理论为代表的行为主义心理学

行为主义心理学强调了解输入（刺激）和输出（反应）的关系，强调了解它们的联系是怎样形成的（条件反射和巩固）。行为主义认为，心理学中唯一有效的东西是行为，而语言和其他的行为是一样的。这个时期所做的研究和实验多数是在巴甫洛夫的“条件反射论”和华生的“客观功能主义”影响下进行的。华生认为，任何有意识的经验都是主观的、个人的，不可能成为科学研究的对象。心理学要成为客观的科学，就只能研究表面的反应和引起这些反应的刺激。斯金纳认为，除了巴甫洛夫所说的那种使狗闻铃响而分泌唾液的条件反射外，还有另一种使动物作用于环境而产生某些反应的条件反射，如使小鼠经训练后会扳动杠杆以取得食物。动物可以通过这种条件反射学会新的行为，人类也不例外，语言就是这样学来的。斯金纳在 1957 年出版的《言语行为》中对言语行为作出了系统的论述。他认为，言语行为是对客观环境的刺激所作的反应，如果获得肯定的结果，它就可得到巩固。

2. 以分布理论为研究方法的结构主义语言学

结构主义语言学的代表人物是布龙菲尔德和哈里斯，他们也奉行行为主义的立场。布龙菲尔德在发表的《语言论》中指出，语言研究根本不需考虑心理学基础，如果真要有所考虑的话，那就应该采取机械主义的观点。因为在他看来，语言研究只能停留在表面语言结构上，要想深入到语言所表示的意思或是说话人心里所想的内容几乎是不可能的。

3. 以通信渠道效能为研究目标的信息论

信息论的创始人是申农（Shannon）和韦弗（Weaver），研究目标是通信渠道的效能，涉及信息的计量、传送、变换、处理和储存。从信息论的视角来看，信息其实就是从众多可能事件当中选择其中一个。比如，对于“今天是否会下雨？”这个提问，答案只有“会下雨”和“不会下雨”两种。当我们给予所有集合中的事件一个信号，集合里的有可能的信号便会构成一个语码，而上述例子的可能信号就是两个。信号形成的特定排列便是消息，而使用这种方法来编码消息，就可以借助电话线或者声音振动的方式传播出去。

信息论认为，语言的输出表现为有序列的信息信号依次从一种状态向另一种状态转换。前一种状态对后一种状态起限定的作用，这就是 Markov 过程。如果语言输出是一个词的话，前一个字母限定了后一个要出现的字母；如果语言输出是一句话的话，前一个单词限定了后一个要出现的单词。换句话说，每一个字母、每一个单词的出现都有一定的概率，这些概率控制了说话人的语言输出以及他们理解语言的能力。比如，英语有 26 个字母，如果每一个字母出现的频率是一样的，那么频率的平均数应为 0.038。但是根据实际的统计，只有 T、I、A、H、S、W、B、M 几个字母的频率是超过平均数的，其中 T 的频率最高，为0.23，比平均数高出6.1倍。因此在任何一个句子里，第一个字母为T的可能性就要比别的字母的可能性高得多。假定我们按频率高低来听辨语言，那么第一个字母很可能是T，而T后字母的出现频率也不一样，如不大可能是X和L。但是T后出现H的频率却是88%，TH后出现E的频率为83%，在THE后出现频率最高的为空格（53%），接下来是字母Y（18%）、N（14%）和R（12%）等。

自信息论问世以来，米勒等人用它来研究言语的听辨和产生，并进行语言的统计。霍凯特（Hockett）又用它来说明语言的模式。卡罗尔更是受到它的启发看到了心理学和语言学结合的前景，提出心理语言学的研究领域应该是编码和解码的行为。

（二）生成学派的心理语言学（20世纪60年代）

只有在心理学和语言学方面做出突破，才能让心理语言学得到进一步发展，而这个契机就出现在20世纪50年代末。乔姆斯基在这一时期为心理语言学做出了巨大的贡献。乔姆斯基在语言学中批判了Markov过程模式，在心理学中批判了行为主义学派，并在此基础上逐步形成了自己的学说。他发表的《句法结构》针对有限状态语言模式的不足提出转换生成语法理论。后来他发表的《句法理论要略》进一步修正了自己的理论，并考察语言和心理的关系。他的学说贡献可以归纳为以下几点。

第一，语言理论不该针对记录下的话语语料规则进行说明，而应该将重点放在解释人们母语的隐含知识上。在他看来，语言学从认知心理学分支发展而来，因此其著作通常以讨论语言使用的创造性为中心思想。

第二，他对行为主义语言观进行了全面性的批判。儿童习得语言在行为主义学习理论中没有得到合理的解释。乔姆斯基认为语言知识是遗传得到的，而不是通过学习得到的。在儿童的大脑中存在着一种生来就有的“语言习得机制”，这便是儿童掌握语言结构规则的途径。

第三，提出了语言模块理论。语言系统的规则和表征与认知系统的规则和表征是不同的，有其独立性。

第四，促进了实验心理语言学的研究。他的深层结构和表层结构概念对心理语言学实验设计起了启迪作用。这个时期的句子感知实验主要是围绕他提出的一个核心句派生出各种句子的思路而进行的。

第五，在语言研究中引入了形式主义的分析方法，强调句法在句子理解中的核心地位。

乔姆斯基学派的一个重要特征是主张研究重点从表层结构和言语行为转移到深层结构和心理认知。他们不仅借鉴了心理学中的众多理论来促进语言学的发展，还将心理测验运用到语言学研究中。最先运用心理测验的人是米勒，他用心理学实验方法对转换生成语法进行验证。之后，布朗直接去托儿所近距离观察儿童形成语法的过程。莱恩伯格另辟蹊径，从神经生理学和生物学的角度对语言产生的物质基础进行研究。心理语言学家们在积累了一定的经验之后发现，如果要让心理语言学发展成独立学科，就必须开辟出全新的天地，研究语言运用模式，揭示在听话和说话过程中语言知识是怎样被使用的。

（三）认知科学的心理语言学（20 世纪 70 年代以后）

20 世纪 70 年代以后，随着实验心理语言学的开展，人们认识到转换生成语法的模型难以解释听话人和说话人在语言使用中的规则或表达模式。越来越多的心理语言学家开始拒绝接受任何语言理论作为他们研究的模式，而是主张通过实验去探索符合实际的“心理模型”。这就是所谓的“没有语言学的心理语言学”。这个时期的认识可以概括为以下几点。

第一，在句子记忆中句法结构的作用并不明显，转换生成语法的心理现实性值得怀疑，从语言的认知基础来看语言表征和概念表征的界限正在消失。

第二，语言处理的过程被纳入其他认知过程的框架来认识，这种立场被称为“认知主义的”或“语言作用为最低限度”的立场。

第三，生成语言学派只是根据说本族语的人判断孤立句子能否被接受的数据来建立自己的理论，而心理语言学家则企图发展一种实验方法来细致地检验语言使用者的心理过程。

第四，生成语言学派企图揭示人们的语言能力，即说母语必须具备的语言知识，但心理语言学家对语言在具体情景中的实际使用更感兴趣，因为它显示语言使用的心理过程，而这正是检验心理现实性的有效途径。

第五，生成语言学派的研究过低地估计了语境的作用，他们的文章里用星号标出的那些不能被接受的例句在某些合适的语境里其实是很自然的，这说明脱离语境来讨论孤立的句子是否合乎语法是没有意义的。

第六，生成语言学家过低地估计了语言的社会性，把语言看成是个人的心理现象。心理语言学家认为自然语言的某些方面既非天生的，也非任意的，而是约定俗成的。

心理语言学在此时期的研究受到了认知科学的影响，尤其是人工智能的发展给其带来了许多新的角度和方向。在20世纪70年代初，心理语言学家广泛认同交互作用模型可以很好地表示出语言听辨，而到了70年代末，又将注意力放在了非交互作用模型上。而随着认识的进一步加深，20世纪80年代，心理语言学家又从神经网络的特点出发总结出了新的连接主义模型，即平行交互作用模型。这个时期的实验心理语言学研究从不同的方面向纵深发展，如心理词汇和词汇检索、语义性、话语和篇章、语用、语言策略、可学性、语言的神经生理基础等。

这一时期，心理语言学家认为他们需要更扎实的心理学理论基础，皮亚杰和维果茨基的理论起了开阔视野的作用。皮亚杰主要研究儿童的思维和智力的发展，是现代认知心理学的奠基人。他认为儿童的心理发展、智力发展、语言发展都是内因与外因相互作用的结果。在心灵主义和机械主义的争论中，那些不愿太偏颇的心理语言学家觉得皮亚杰的学说较为可取，并试图运用他的基本理论来解释语言习得以及语言和思维的关系。维果茨基在研究儿童智力和语言发展的基础上，提出了“内部言语”说，不但大大丰富了认知心理学，而且创建了苏联心理语言学派。

四、心理语言学的研究方法

（一）自然观察法和科学实验法

1. 自然观察法

很多时候，对于语言的习得或者失言等自然出现的行为很难进行人为控制，所以人们只能抓住其出现的时刻进行观察。同时，还有一些行为如果经过了人为控制，就会发生巨大变化。例如，人们在日常生活中的聊天都是自然发生的，但是如果要求其在实验室里聊天，那内容就会变得刻意起来。所以在早期的心理语言研究中，研究者通常会借助日记等方式对儿童语言发展情况进行记录，这就是一种自然观察法。自然观察法主要有以下四个特点。

（1）不干预性。观察者不会将主观因素掺杂进去，只会对客观现象进行最真实的记录。但是有时候很难做到这一点，因为语言活动不仅是心理活动，还是一种社会活动，观察者有时会被要求参与到语言活动中。想要保持在参与的同时不形成干预，需要观察者更好地对情况进行把控。

（2）形式性。这是观察的根本目的，强调从个别的、随机的行为中找出规律性的现象进行分析。

（3）直观性。这是自然观察的优点，直观的东西比臆断的东西要可靠，但是心理活动不能直接地观察到，必须根据表面观察到的行为去推断心理过程，而要推断就难以避免主观性。

（4）持久性。自然观察的过程往往旷日持久，要花很多精力和时间才能发现事物的形式。

2. 科学实验法

实验方法经常在自然科学中使用，它是一种带有控制的观察。每一种行为都是各种各样的因素综合起来所形成的结果，要想知道这些因素在行为形成的过程中起到了什么作用，就需要我们先控制住其他因素，把注意力放在其中一种因素上，然后在这种因素的变化中观察其产生的作用。例如，外语教学能否成功，取决于多种因素，包括教材、教育者、学习者、教学方式等。当我们想确定其中一个因素对外语学习的影响时，如想知道学习者的年龄是否会影响到外语学习，就需要控制住教材、教育者、教学方式等其他因素，保证这些因素处于稳定状态，根据年龄将他们分成多个小组，然后让他们在相同的情况下学习。在一段时间后观察其学习成绩的变化情况，以此来得出学习者年龄对外语学习产生的影响。

自然观察与科学实验相辅相成。自然观察可用于考察现象、发现问题，科学实验则对所发现的问题进行系统的观察。把自然观察和科学实验的结果加以对照和比较，就能由表及里，深入事物的本质，发现其内部的规律。在自然观察时，我们也需要进行某些控制，如观察儿童的言语行为时，要讲究时间和场合。最理想的自然观察应该是在自然环境里，在自然的控制下进行。在科学实验时，虽然各种因素是受控制的，我们也要力图使实验环境符合自然状态。比如，儿童在陌生人面前说话比较局促，这种环境就不利于观察儿童的言语行为。

3. 计算机模拟法

计算机模拟法是信息处理法的进一步发展。随着计算机的普及，人们可以对复杂的逻辑和数学关系进行计算机模拟，并把模拟的结果和实验结果加以比较，来验证理论模型。

心理语言学的言语模型，即对言语行为所提出的理论和假设，可以呈现人类语言处理过程的精确度和操作性，而精确的描述往往需要从数学和计算机科学借用形式化的标记。用信息处理的术语来说，形式化的模型需要规定一系列算法，故称为计算机模型。只要有合适的输入和适当的参数设置，计算机模型就可以进行计算，计算的结果可以印证基本理论所作出的预测。比如，提出一个关于词语或句子的理解模型会诱发对该词语的辨认或对该句子的解释。模型的行为应该和所观察的现实世界或实验条件的行为相似。比较模拟的结果和实验数据可以引起对理论的进一步修订，而理论的修订本身又能带来模型的完善和更多的实验。计算机模拟有助于发展心理语言学理论。

（二）常用的实验手段

在进行心理语言学的研究时，为了对语言使用心理过程拥有更深入的了解，研究者可采用多种实验手段。记忆对于语言的习得和使用有着明显的影响。人们会通过短时记忆对语言进行加工，但短时记忆的保存时间和记忆量都较少。因此，人们会在加工语言时从长时记忆里提取一些信息，不过存在提取速度的问题，心理语言学经常会根据人们反应的时间对语言处理展开更深入的研究。例如，对语言理解过程进行考察的手段主要有三种。

1. 对输入的刺激形式进行控制

研究人类感知词语的能力时，研究者会用各种方式歪曲记录下词语，还会借助一些声音进行干扰，或者直接删除句子里的一些音段、过滤一些频率，然后让受试者对句子进行判断和复原，以此来了解人们所用信息性质与语境会对丢失信息的重建产生什么作用。

2. 使用“实时”或“在线”的方法来观察处理语言的过程

实际实验中，一般都使用精密计时的测量方法。比如，音素监察实验可测量一个受试者决定显示的刺激形式（词或句子）是否真实需要相应时间，也可以测量他们感知一个特定的声音、音素或单词的时间。又如，跟读实验让受试者戴着耳机重复一段话，了解显示和重复之间的时间。再如，口头报告，又叫有声思维，是一种比较新的实验手段，要求受试者在完成一件作业的同时和事后报告他在想些什么。这有助于了解受试者的思维过程，特别是他们使用策略的过程。

3. 观察语言处理结果是否保存在短时记忆里

这种手段要求受试者在句子中发现一个“卡嗒”的位置。一般采用的是“再现”实验，有自由再现、原词再现、提示再现等，要求受试者把听到的内容复述出来。还有比再现更简单的方法叫作“再认”，即把已经显示过的材料和一些新材料混在一起，要求受试者辨认出那些已经听过或看过的材料。

第四节　社会语言学

一、社会语言学

社会语言学认为，语言是诸多社会现象中的一种，与所在的社会具有十分密切的关系，人们在评价一种语言形式时往往带有典型的社会性特征。

（一）社会语言学概述

社会语言学这一概念首先出现在美国语言学家库力（Currie）1952 年发表的一篇学术论文之中。1964 年在美国洛杉矶加利福尼亚大学召开了“第九届国际语言学大会”。两年后，布莱特（ Bright）把在这次大会上宣读的论文汇编出版，成为最早的社会语言学论文集，标志着社会语言学成为一门学科。

社会语言学是各种因素综合作用而诞生的一门学科，其中主要有以下三大因素。

第一，社会语言学以社会科学技术方法的发展为其物质基础。拉波夫正是运用当时最先进的录音设备和社会科学的统计学与抽样调查方式，才得以展开对语音变异的研究，并发现了语言变量与社会变量的共变关系，开创了多语言变异现象研究的先河。

第二，从语言的角度来看，当语言发展到一定程度，对语言的研究达到一定阶段之后，必然会诞生社会语言学这门学科。语言学一直都将语言系统当作其研究的核心内容，强调对语言内部系统进行共时研究。乔姆斯基的转换生成语法所研究的语言形式的分类、分布和语言的共性特征虽然都盛极一时，但它们的局限性也随着时间的推移和人们认识的提高逐渐显露出来，一些针对性的理论便应运而生，社会语言学对语言差异和变异的研究正是对传统语言学的补充和修正。

第三，社会历史的发展让社会语言学拥有了社会基础，让学者有了研究语言和社会关系的环境。在第二次世界大战之后，出现了许多社会变革，政治形势不稳定，社会关系十分复杂。此时，人口的迁移、教育的实施以及民族融合等各种和语言相关的问题都涉及了语言政策问题。政治、经济、社会等各个方面都非常关注语言发展，语言学家也越来越注重语言的民族性、文化性和社会性。

（二）社会语言学的研究内容

社会语言学作为一门独立的交叉学科，它的研究对象是语言与社会的关系。它关注的是语言的社会功能以及用语言表达社会意义的方式，试图对人们在不同的社会语境中使用语言的方式进行解释，从而为人们提供如何运用语言以及语言在社团中所反映出的社会关系等相关信息。

广义的社会语言学是从社会的角度看语言，研究的是语言社区多语制、语言态度、语言选择、语言规划、标准语、语言和文化等问题，进而为一个国家或民族标准语的选择和确定、文字的制定和改革、语言政策的制定、语言规划的制定与实施、语言教学与研究等提供科学的依据和指导。

狭义的社会语言学是从语言的角度看社会，研究的是语言事件、语言功能、语用、语篇分析、语言变异、语码转换、语言和性别等问题，从而发现社会结构和社会因素如何影响人们的交谈方式和谈话语体的选择等。它研究的是某一社会阶层、性别、年龄的人使用语言的模式，语言的变异现象以及人们使用语言的模式与社会因素的关系是什么。

海姆斯（D.H.Hymes）把狭义社会语言学称为“话语文化学”，从而使社会语言学开阔了视野，把研究的对象延伸到了句子以外的领域。费希曼（J.Fishman）认为社会语言学促进了面向语境和功能的语言学的产生，因此它才是“真正的语言学”。

20 世纪 60 年代社会语言学诞生时，其研究对象还不明确。随着社会语言学研究的深入发展，其研究对象也越来越明确，各种新的理论不断出现，在研究方法上也日益成熟，其研究对象归纳起来有以下三个方面。①

第一，研究语言的变异，联系社会因素去探究语言变异发生的原因和规律，并常用统计的方法和概率的模式来描写这些变异现象，称为“微观社会语言学”或“小社会语言学”。

第二，研究社会中的语言问题，如双语、语言接触、语言态度、语言社区、多语制、语言选择、语言替代、语言政策、语言规划、标准语以及语言与文化

① 夏中华．应用语言学范畴与现状 [M]. 上海：学林出版社，2012：482.

的关系等问题，称为“宏观社会语言学”或“大社会语言学”。

第三，研究人们如何在实际的语境中使用语言进行交际，及不同的社会阶层、不同的社区使用语言的差别，称为“话语文化交际学”。

社会语言学已经有了越来越清晰的研究对象，即社会语言学就是研究社会和语言关系的学科，或是根据语言对社会问题进行研究，或是根据社会情况对语言问题进行研究。语言和社会之间关系极为密切，如果不结合社会研究语言，那就无法触及语言本质，无法对许多语言现象进行解释，因此，语言其实就是一种社会现象。

（三）社会语言学的研究方法

1. 快速隐秘调查法

想要得到语言研究数据，一个行之有效的方法就是快速隐秘调查法。这个方法主要有两个特点：其一是具有较快的调查速度，调查往往会在短时间内迅速完成，不会对被调查人造成干扰，所以可以得到更真实的语言信息；其二是具有较高的隐秘程度，调查途中很少会让被调查者察觉到，能够得到自然而真实的调查语料。所以，调查员必须在调查前将资料与问题准备好，从而让快速隐秘调查法产生更好的调查效果。

2. 多人次抽样调查

社会语言还有一种重要研究方法，那就是多人次抽样调查，其中主要有随机抽样和非随机抽样两种形式。

随机抽样十分灵活，如可以选择随机数表或者抽签的方式等。在具体操作时，可以进行分层抽样与整群抽样。分层抽样需要先将研究对象按照等概率与不等概率进行分类，之后根据类别进行随机抽样。整群抽样就是先划分好研究对象，之后从群体中随机抽样。

非随机抽样又分为判断抽样和偶遇抽样，其中判断抽样是调查者通过自己的主观判断选择样本，而偶遇抽样则是调查者将自身在各种场合中遇到的人当作样本。

3. 配对判断法

使用配对判断法的目的是检测听话人的语言态度。具体来说，配对判断法主要包括以下几个步骤。

第一，需要将话语翻译为不同的语言。

第二，让具备双语能力的人讲述上述话语，检测者进行录音。

第三，让不同的受试者听取录音内容。

第四，让受试者对录音内容进行打分。

第五，检测者对分数进行统计。

第六，以分数和具体表现判断具备双语能力的人对另一种语言的喜好与掌握程度。

二、社会语言学的研究范围

社会语言学的研究范围有微观和宏观之分。微观社会语言学又称为“小社会语言学”，其以语言为出发点，研究语言的社会性变异，探讨社会因素对语言的影响，考察语言变异发生的原因和规律等。宏观社会语言学又称为“大社会语言学”，以社会为出发点，研究社会中的语言问题，探讨语言在社会组织中所发挥的功能。实际上，二者并不是相互对立的，而是相通的。

（一）微观社会语言学

语言总是处于不断的变化当中。语言的变化有两种：一种是语言自发进行的自我调适行为，属于客观的、语言结构内部的变化，称为“内部变化”；另一种是因语言结构外的社会因素发生的变化，是社会中的某些“言语共同体”为区别其自身的社会特征而主观产生的变化，称为“外部变化”，又称为“变异”，而变异的结果是“社会方言”。微观语言学研究语言变异和导致变异的社会因素之间的关系，揭示变异的规律，寻找导致语言变异的社会参数。

微观社会语言学常采用统计的方法和概率的模式来描写变异现象。引发语言变异的社会变体包括性别、年龄、阶层、地域、受教育程度、职业等。基于这些变体，微观社会语言学主要包含以下内容。

1. 语言的性别变体

语言的性别变体是指因社会性别的不同形成的语言变体。社会中的男性和女性因为生理、心理等方面的不同，在语言习得、语言能力和语言运用上呈现出一定的差别。例如，女性的语言能力要比男性强，身份意识也更强，关心语言的形式，注重语言的清晰性和规范性，用词比较文雅，表达比较委婉，常用升调和疑问句。相比较而言，男性更注重言语的内容，常使用非标准化的语言形式，表达率直、肯定、粗犷，常用降调和祈使句。在对语言运用的态度上，男性和女性的态度也截然不同。

2. 语言的年龄变体

语言的年龄变体是指因年龄差异形成的语言变体，如儿童、青年、中年、老年等语言的差异。很明显，不同年龄的人的话语有很大不同，所以语言的年龄差异实际上是语言在时间上的差异，体现的是语言在同一时代不同年龄层面上语言的渐变。语言的年龄差异有大有小，这主要受时间和地点差异的影响。社会变化越快，语言年龄差异就越大。语言年龄差异最明显的是词汇，其次是语音和语法。通常，年龄相差越大，语言差异就越大，而年龄越大，语言越稳定，青少年往往追求语言的标新立异，是语言变异的先驱。

3. 语言的阶层变体

语言的阶层变体是从社会阶层角度划分的社会方言。因社会身份、经济地位、职业、受教育程度等的不同，社会分为不同的阶层，不同阶层的人们所使用的语言有着不同的特点，形成了不同的语言变体。

4. 语言的地域变体

语言的地域变体是从社会地理角度划分的社会方言，如城市与乡村社会方言的差异产生的语言变体。城市和乡村语言的发展演变速度是不平衡的，城市语言变化快，乡村语言变化慢。例如，就“医生”这一称呼而言，在湖北省武汉市叫作“医生”，在鄂南农村多叫作“郎中”。“医生”是近现代西方医学传入中国后对行医者的规范称呼，而“郎中”则源自宋元以来南方汉语中对中医的称呼。不同的称呼反映出了不同的社会环境和历史文化背景。

5. 语言的职业变体

语言的职业变体是从社会分工的角度划分的社会方言，具体是指在某个专业领域所使用的符合本领域特点的语言形式，多是词汇形式的变异。职业变体主要包括术语和行话。具体而言，术语和行话是职业或专门领域为准确表达和有效沟通所使用的语言形式。

（二）宏观社会语言学

宏观社会语言学是从社会学、人类学、心理学、历史学、地理学、哲学等其他社会学科的角度研究语言与社会的关系。宏观社会语言学侧重研究语言的社会功能，具有很强的解决社会现实问题的应用性，常采用定性的、阐述性的研究方法。

宏观社会语言学研究的内容主要包含以下四个方面。

1. 社会学的社会语言学

社会学的社会语言学主要研究语言与社会的宏观战略性问题，如一个国家或地区为实施语言文字行政管理所制定的法律法规和规范、措施。具体而言，国家的官方语言，国家语言的确立、文字的改革、语言的规范化，多语言社会的标准语言与方言的关系，国家教育政策等都属于宏观社会语言学研究的内容。其研究成果主要应用于国家、政府的语言决策和建设。

2. 文化学的社会语言学

文化学的社会语言学主要研究语言与文化之间的关系。其具体研究内容包括因文化交流而产生的外来词、洋泾浜语、混合语，语言对文化的影响和制约，语言的禁忌和崇拜，亲属称谓的文化，人类学研究，人名、地名的历史文化内涵等。

3. 民族学的社会语言学

民族学的社会语言学的主要研究内容包括立足于少数民族母语的双语教育，少数民族语言与主要民族语言的相互影响，少数民族母语的价值与维护，少数民族的语言识别和翻译，少数民族文化的推广等。

4. 语用学的社会语言学

语用学的社会语言学以不同语域和语体的言语活动为研究对象，研究语言的功能变体和语言转换，也就是研究言语交际的原则、策略、会话结构和风格等，具体包括语域变体、语体变体、会话分析等。

第五节　语言教学

一、语言教学

语言教学是教育工作的重要组成部分，是帮助学习者掌握和有效使用语言的一种活动。

语言教学是教育者运用特定的方法，将语言知识有计划、有目的地传授给学习者的活动。语言教学活动具体包含以下几种形式。

本族语教学又叫作“第一语言教学”，关于这一教学活动，不同的学者有着不同的观点。有的学者认为，语言教学是有方法、有计划、有目的的教学活动，但儿童第一语言习得活动不符合这种特征，因此儿童第一语言习得活动并不包含在语言教学的范畴内。而有的学者则认为，儿童第一语言习得包含在第一语言教学的范畴内。

外语教学又称为“第二语言教学”，主要是针对外国语言的教学，具体包含两种形式，一种是对中国学生进行的其他国家语言的教学，另一种是我国对外国学生进行的汉语教学。

在多民族聚集的地区，有些人从小习得至少两种语言，并使用这些语言进行交际，随之也就产生了双语教学和多语教学。所以，双语教学和多语教学也是语言教学的重要组成部分。

语言教学是一门独立的学科，有其相应的理论体系，但语言教学并不局限于教学活动，还对相关原则、方法等理论进行研究。此外，语言教学还与应用语言学、教育学、心理学等学科密切相关，语言教学离不开相关理论的支持。

二、应用语言学理论指导下的语言教学

应用语言学对语言学教学起着积极的指导作用，可使语言教学更加科学、有效。将应用语言学理论运用于语言教学，可以使人们对语言的本质有更加深入的理解和把握，也能帮助教师就教学过程作出准确的判断和决定。

（一）应用语言学与语言教学的关系

从本质上来看，语言教学属于应用语言学的范畴，因此应用语言学与语言教学有着密切的关系。对于语言教师而言，掌握应用语言学知识，可以更好地了解语言的本质，更加有效地开展语言教学。

有人认为，语言教师已经掌握了丰富的语言知识，没有必要再花费时间学习应用语言学，而应将更多的精力放在探究教授语言方法上。这一观点是不正确的，实际上应用语言学应该成为语言教师的基础性知识，语言教师应该加深了解他们所教授的语言，这对于他们的教学实践具有重要意义。

麦克唐纳认为，学习一些应用语言学的理论，并将这些理论付诸实践，对语言教学大有裨益。语言教师能够使用语言的特点来解释具体的问题，从而使自己对问题的见解更具有说服力。

语言教师在教学过程中，不应仅孤立地向学生展示语言知识，还应向学生呈现真实、完整的语言。要让学生深入地了解真实、完整的语言，就要具备应用语言学理论。也就是说，语言教师应学习和研究应用语言学理论，从中获取更多的知识，并将其运用到语言教学实践中。

需要注意的是，语言教师的主要任务并不是使自己成为研究语言的应用语言学家，而是从应用语言学的研究中汲取有益于自身教学的成分，从而探寻出更好的教学方法。

（二）应用语言学对语言教学的指导意义

应用语言学有着很强的实用性特点，所以在基于应用语言学指导的语言教学中，教师应采用多种方法来调动学生学习的热情，激发他们参与教学活动的积极性。此外，在教学活动的开展过程中，应始终以学生为中心，促进教与学密切配合，切实提升教学效果。以学生为中心，要求立足于学生的发展，尊重学生的主体地位，将学生的健康成长视为一切教学活动的出发点。

第五章　应用语言学在大学英语听力教学中的应用

第一节　英语听力的教学内容

一、听的含义

听是一个看似简单实则难以明确的概念，对于听的定义，很多学者都从各自的视角出发，给出了不同的见解。

罗宾（Rubin）认为，听其实是一个主动的过程，听者不仅可以对听的信号进行选择，而且可以对听到的信息进行解释，以便及时确定正在发生的事情以及说话人想要表达的意图。

赫尔格森（Helgesen）认为，听主要是将所听内容弄懂，是一种有目的、主动的信息加工过程。

罗斯特（Rost）认为，听主要形成于大脑中，是一种对口语输入的信息进行意义建构的活动。罗斯特认为，“听”应该有下面四种取向。接受型的听，它是指听者接收说话人的信息之后对信息进行解码的过程；建构型的听，它是指对意义进行建构和表征的过程；协作型的听，它是指听者与说话人之间进行意义的磋商，并做出反馈的过程；转换型的听，它是指通过想象、参与等方式对意义进行创造的过程。

理查兹和施密特（Richards & Schmidt，2002）认为，听力理解是对第一语言、第二语言所说的话进行理解的过程。其中，对第二语言学习的听力理解的研究重心在于单个语言单位以及听者的预期、上下文、场景、话题等内容。

二、听的心理过程

听的心理过程大致可归纳为以下三个阶段。

（一）第一阶段

第一阶段是接收和转化声音信息的阶段。由感觉器官收集声音信息，再将声音信息传递到大脑，形成感知记忆。在此过程中，在倾听者的语言知识、语言能力的帮助下，这些声音信息会被转化成具有实际意义的单位。由于感知记忆只能短暂地存储信息，所以倾听者并没有足够的时间整理这些意义单位。倾听者在听母语时，可以顺利地完成接收、转化声音信息的过程，但当其倾听外语时，就难以将连续通顺的语流转化成有意义的声音单位。此外，当倾听者正在接收和处理声音信息时，新的声音同时涌入，就会影响倾听者的听力理解。

（二）第二阶段

第二阶段是处理信息的阶段。倾听者的短时记忆是处理声音信息的主要场所，处理过程通常只需要几秒钟的时间。倾听者在听到一段声音信息时，会使用长期记忆中储存的语言知识与这段信息内的词或词组进行对比，找出其中的异同；再对记忆中存储的声音信息进行重组编码，以此形成有意义的命题；再以此为重要依据，切分连续的语流。倾听者获取了声音信息中的意义后，往往会将具体的词遗忘。对第二阶段的整体过程来说，处理信息的速度十分重要。在信息还未处理完成时，倾听者又接收到了新的信息，很容易造成信息处理系统的信息超载，导致外语的学习更加困难。随着听力训练的逐步深入和语言知识的不断积累，学习者在处理经常听到的信息时会越来越轻松，留出更多的空间处理陌生的或者有难度的信息。

（三）第三阶段

第三阶段是整合和保存信息的阶段。在这一阶段中，倾听者会将从声音信息中获得的意义与已知信息建立一定的联系，再将其保存到长时记忆中，从而实现命题意义的确定。如果新接收的信息可以匹配已知信息，倾听者就能够很快理解信息。如果倾听者的长时记忆中存储的已知信息与意义的命题建立一定的联系，倾听者的大脑就会产生积极的思维活动，对意义的命题进行归纳、分析及整合，将其转化为连贯的语言材料，再重构命题意义并将其保存到长时记忆中。①

在以上三个阶段中，语言知识都发挥着重要的作用。倾听者首先要积累一定的语言知识，才能在不同的语境中正确分析语言信息，进而正确、深入地理解其意义。听母语时，倾听者所积累的语言知识会使其对所听内容做出更加快速、准确的判断和理解，还可以使其在不同的情境讨论不同问题时使用对应风格的语言。参与谈话的人的身份会影响谈话方式，影响声音信息的意义，进而影响谈话者对语言风格的选择。

① 崔刚，孔宪遂．英语教学十六讲 [M]. 北京：清华大学出版社，2009：23.

三、听力知识

教师在听力教学中首先要向学生传授各种听力知识，这也是听力教学的基本内容。听力知识主要包含以下几个方面的内容。

（一）语音知识

要想顺利进行听力活动，听者首先要听懂所接收到的内容，在接收到内容的同时，听者需要在大脑中输入听觉信息，因此了解语音知识对听力理解起着基础性的作用。由此可见，语音知识的传授是听力教学中必不可少的环节。

（二）文化知识

语言与文化密不可分，语言本身就是文化的重要反映，语言信息背后蕴含着各种文化信息，听力材料更是如此。因此，如果学生没有一定的文化知识储备，在听力教学过程中就会遇到很大的障碍。由此可见，学习文化知识是学生听力学习的重要内容，传授文化知识也是教师在听力教学中的重要任务。

（三）语用知识

听力具有听说轮换性的特征，也就是说，听是听者和说者双方的事情，听者在说者说完后要做出一定的反应，这就涉及交际。如何对听到的内容做出有效的回应是说者面临的问题，这就需要说者借助于相应的语用知识来有效地把握。

四、听力技能

如果说听力知识是学生必须具备的基础知识，那么听力技能就属于较高层次的实际运用语言的能力。有时听力材料的信息比较多，学生需要在众多的信息中运用自己的知识和技能将材料中的重要信息筛选出来。针对不同的听力题型，教师应该向学生教授不同的听力技能，如猜词义，听关键词、过渡连接词，预测、推断等。这些听力技能就是英语听力教学的重要内容。

五、听力理解

听力理解内容的讲授是为了提高学生的理解能力，帮助学生理解所听内容。听力理解既是自下而上的意义解码过程，又是自上而下的意义阐释过程，还是二者结合的过程。听力理解也是英语听力教学的重要内容。

第二节　英语听力的教学原则

一、兴趣原则

学生成长的过程是智力因素和非智力因素相互作用、相互影响的过程。同一年龄阶段的学生的智力水平并无太大的差异，这些学生取得不同的成绩，在很大程度上取决于他们的非智力因素。非智力因素一般指情感、兴趣、注意力、意志等，在听力学习上则表现为学习情绪、学习态度等。这些因素并不直接介入学习，但起着激发、调节和推动学习的作用。因此，教师应当有意识地加强学生非智力因素的开发，让他们拥有正确的学习动机，形成良好的学习习惯，从而形成坚强的学习意志并保持浓厚的学习兴趣，让学生从“我想学”“我要学”“我会学”逐步深化到“我一定要学好”。只有把学生自己的学习兴趣调动起来时，学生才能真正从机械被动的学习中解放出来，变被动学习为生动活泼的主动学习。

二、灵活多样原则

教师常常采用多种不同的教学手段进行教学。就听力来讲，学生主要通过教师与同学在课堂上的英语讲话来锻炼听力。为了创造更优质的英语听力环境，教师应尽可能做到全英语教学，无论是课文的讲解还是其他课堂教学活动，都坚持使用英语进行。需要注意的是，教师首先需要考虑学生能否接受这样的教学方式，应遵循从简单到复杂、从慢到快的规律帮助学生适应全英语教学的模式，并鼓励学生大胆讲英语，同时打造活跃积极的英语教学氛围，促进教学目的的实现。另外，针对不同的教学目标，教师应使用不同的训练方式，选择合适的听力材料进行教学。例如，引导学生边练习各种语音边了解其中的区别，以此深入领会其中的意义；将学习过的英语对话以正常的速度播放出来，加深其对英语的感觉；在听力练习之前提出一些问题，使学生有目的性地进行听力练习，找出答案并用母语回答；鼓励学生自由选择听力材料，再将其听到的内容写出来或说出来。教师应为学生提供尽可能多的倾听英语的机会，使学生不断练习和提升自身的英语听力能力。

三、交际性原则

提高学生的英语水平，帮助学生听懂标准的英语，并具备一定的英语口语交流能力是开展英语听力教学的根本目的。在进行英语听力教学时，教师应对自己的英语能力有严格的要求，必须要做到发音精准、语速正常，这样才不会使学生被误导。与此同时，教师还应经常播放地道的英语录音，带着学生阅读英语材料，帮助学生掌握标准的发音并增强语感，促进学生的英语听力能力提高。

四、循序渐进原则

提高学生的听力水平需要循序渐进地进行，这是一个由简单到复杂、由容易到困难的过程。教师应结合学生的英语水平和所处的学习阶段选择合适的教学进度，在适当的范围内选择听力材料，依据从简单到复杂的顺序逐步训练学生的听力能力，同时要兼顾听力材料内容的真实性和多样性。在开始听力教学时，教师应选择语速较缓慢、发音标准、吐字清晰的材料，尽量不使用语调过于夸张的材料，以免对学生造成干扰甚至误导。在选择听力材料时，教师应首选内容贴近实际生活的材料，可以将社会新闻、热点话题、故事会话等纳入内容筛选范围，以此调动学生练习听力的兴趣和欲望。随着教学层次的加深，听力材料的难度也需要不断增加，使学生的听力水平逐渐提高。

五、丰富多彩原则

教师在教学时应尊重学生的主体地位，在挑选听力材料时，应选择内容丰富的材料。教师可以借助英语听力考试教材中现有的对话、课文材料和练习题，激励学生开展基础的听力训练，并以此为基础适当拓展以激发学生兴趣为主的听力材料。例如：与饮食营养、社交礼仪等相关的材料；与人的价值观念及思维方式相关的材料；与欧美国家的风俗习惯、风土人情以及社会制度等相关的材料；英语原版经典电影片段或者经典英语歌曲方面的材料，以其中精彩的影视表演和纯正的英语调动学生听力的积极性；国外知名英语节目方面的听力材料，利用其中的世界综合新闻调动学生的兴趣，引导学生产生了解英语国家文化风俗的强烈兴趣等。此外，英语教师在选择以上类型材料时，还应注意结合学生现有的语言能力、英语知识水平、认知规律和生理及心理发展水平。

六、分析性的听与综合性的听相结合原则

在听力教学中，分析性的听以词、词组、句子为单位，注重对细节内容的

把握。在这种情况下，就需要学生在听材料时“抠”字眼。例如，听力题中涉及有关时间、地点、数字等问题时，就要求学生在听的过程中对此类细节特别注意并作简单记录。综合性的听则以语篇为单位，注重对听力材料的整体理解，这种原则可以解决听力题中涉及材料主旨大意、整体思想的理解等方面的问题。分析性的听是综合性的听的基础。一般来讲，听力题往往既涉及材料的通篇理解，又注重考查细节问题，所以，听力训练就要求教师遵循综合性的听与分析性的听相结合的原则，设置相关的听力训练，培养学生的听力理解能力。

第三节　应用语言学理论下的英语听力教学方法

一、与其他技能综合教学法

英语教学中的听、说、读、写四项活动既相互独立又相互依存，因为在听、说、读、写四种能力中，任何一种能力的提高，都能带动其他能力的提高；反之，任何一种能力的缺乏，都会影响其他能力的掌握和运用。因此，听力教学要与说、读、写教学结合起来进行综合教学。这样不仅可以带动其他技能的发展，还可以创造真实的语言环境，有利于培养学生的交际能力，收到事半功倍的效果。

（一）听读结合

听读结合一方面有助于学生形成更强的语感，另一方面还能帮助学生更好地结合单词的形、音、义三方面，减少判断时的误差。学生在进行听力练习时，可以同时进行阅读，也可以先听后读或者先读后听，还可以交替进行阅读与听力练习。听读结合能够使听力的难度有效降低，学生还可以在听的过程中对照词汇的词形与发音，进而更好地克服单词对听力的干扰。与此同时，听读结合还能帮助学生接触纯正的英语发音和声调并纠正错误发音，通过模仿掌握正确的发音，在长期的听读结合中提高口语能力和语言反应速度。长期坚持听读结合，还能帮助学生积累词汇，学会更多的常用词语，增强对听力材料或阅读文本的理解，提高自身的英语能力。

（二）听说结合

虽然听是听力教学的重点，但结合听力的内容适当进行说的训练能够加深学生对所听内容的理解，从而加强对所学知识的巩固效果。听是了解和学习语言必须经历的过程，学生只有能够听到、听懂语言，才会产生对应的反馈。学生可以通过听力练习逐步提升对口语的熟悉程度，也可以通过训练口语锻炼自己的听力能力，听与说两种能力相互促进。在锻炼英语口语时，教师需要注意不同的语调所表达的情感也是不同的，所以教师应鼓励学生在进行口语训练时，配合适当的语调，表达出丰富的情感与思想，并对不同语调表现的不同内涵认真揣摩。在听说结合的训练中，听应作为学习的主要目的和活动内容，因此，说的部分应适当简略安排。

（三）听写结合

听写结合的最佳形式是听写练习。听写是一种难度较高的听力训练活动，它要求学生在有限的时间内将听到的内容记录下来，这不仅要求学生听得懂，还要求学生写得出来。这种配合方式需要高度集中的注意力和对语言的敏感性，是测试听力的主要手段之一。例如，我国大学英语四、六级考试的听力中就有填词听写（Spot Dictation）或听力理解（Compound Dictation）的题型。因此，在平时的听力教学中，教师要有意识地培养学生听写的能力。鉴于听写的难度较高，学生一开始可以先听写词汇、句型，当听写能力有所提高以后再听写课文或与课文难度相当的材料。

（四）视听结合

目前，教学方法在不断发展，教学工具也在不断革新。在英语听力教学中，多媒体教学在视听教学方面表现出了极大的优势，教学效果十分显著，因此成为了一项重要的教学工具。而教师也应该紧跟时代的发展，尽快适应各种先进的教学工具，并熟练运用于英语教学中。另外，播放英语音像视频等也能有效提升学生的英语听力水平。首先，在人体逻辑思维与视觉形象思维的相互作用下，对听力有影响的心理活动会有效减少，学生在这种情况下可以更加准确、快速地理解听力材料；其次，使用视听结合的教学办法还能使英语课堂更具趣味性，从而更充分地调动起学生的学习兴趣，强化教学效果；最后，教师还应鼓励学生积极主动地进行课外英语学习，如观看电脑学习光盘、收听英语电视广播节目、观看网上英语视频等，边看边听边学，全面提高自身的英语听力能力。

二、体裁教学法

近年来，越来越多的教师和学者开始关注体裁教学策略，并将其应用到大学英语听力教学中。具体来说，体裁教学策略在大学英语听力教学中的运用主要分为四个步骤：体裁分析、小组讨论、独立分析以及模仿使用。

（一）体裁分析

教师在运用体裁教学法进行教学时，首先要从文化和语言两个方面分析听力材料的体裁。文化方面的分析指分析听力材料中具有的文化背景知识，如风俗习惯、社会历史等，以便学生了解不同民族的文化差异和听力材料的背景知识。而语言方面的分析主要是对体裁的图式结构进行分析，要求学生通过分析了解某类文章的开展方式和框架结构。

（二）小组讨论

进行到小组讨论环节时，教师首先应对学生进行分组，对各组学生播放同一体裁的听力材料，然后再引导各小组的学生分析讨论听力材料的语言特点、结构主题等。小组讨论的方式能够有效提高学生的参与程度，促进学生主动、积极地思考和学习，使其能够深入理解语篇。

（三）独立分析

在学生了解了语篇体裁后，教师可以组织学生进入独立分析环节，即从某一体裁选择一篇典型的范文向学生播放，再让学生结合教师使用的分析体裁的方法从文化和语言两个方面对此做出分析。独立分析的授课方式打破了传统教师垄断课堂的教学模式，为学生创造了更多独立思考和自主学习的机会。

（四）模仿使用

学生通过自主分析掌握了材料的体裁特征后，教师可根据交际目的，选择适当的模式，让学生使用英语进行有效的交际，使学生在实际运用中牢牢掌握所学体裁特征，学以致用。

三、互动教学法

（一）互动教学法的概念与优势

根据应用语言学中的动态理论，教师可以采用互动教学法展开听力教学。

具体来说，互动教学法是指教师在听力教学实践过程中，针对听的内容与学生展开各种交流与探讨。对学生来说，在听的过程中，他们不仅需要接收并解码所听的信息，还要在此基础上做出一定的反应。

采用互动教学法进行听力教学具有明显的优势。互动教学可以充分激发出学生的兴趣和积极性，提高学生对英语听力内容的理解和接受能力，同时能让学生通过听力活动养成积极思考的习惯。此外，由于听源的不同，互动教学可分为听人说话时的互动以及听录音时的互动。

（二）互动教学法的实施

听力教学的很多环节都可以用到互动教学法。例如，在听录音时，教师可以采用互动教学法。具体可以分为以下步骤。

首先，学生听录音的同时，教师将听力材料合理分为若干部分。

其次，学生听完一部分材料后 ，教师就可以通过提问与学生进行互动，了解学生听的效果如何。

最后，听完全部录音材料后，教师与学生共同总结，解决遗留问题。

四、基于学习策略的教学法

基于学习策略的教学法体现了以学生为中心的教学原则，真正将培养学生的听力能力作为教学首要目标。教师在采用这种教学法时，必须首先了解学生听力学习策略的主要内容，如此才能有效地将其融入自身的教学过程中。具体来说，学生的听力学习策略主要包括以下三个。

（一）元认知策略

1. 计划

在听力训练开始之前，学生需要明确规划出听力活动的目标、步骤和过程，明确听力学习的难点、重点、特点，制定合理的短期目标和相对长期的发展目标。在练习听力的过程中，教师也可以布置一定的学习任务，辅助学生对听力的目的有更深刻的理解，从而有选择、有针对性地将注意力集中在听力的练习过程中，并做好充足的准备。

2. 监控

所谓监控是指学生依据学习目标，对学习计划中的学习进程、方法、效果、计划执行情况等进行有意识的监控。具体来说，学生要努力做到以下两点。

一是排除干扰，集中注意力听完听力材料，有选择地注意某些信息，掌握主次信息，有效提高听力效率。

二是积极思考，善于速记。在听力训练过程中，学生应该把握语篇的衔接手段，找出中心句以抓住整个听力材料的逻辑关系。在此过程中，学生可以利用速记符号或缩略词等勾画语篇框架，使信息更加条理化、系统化。

3. 评价

评价策略要求学生结合自身的听力练习情况进行自我检查和反省。学生通过定期或不定期的自我检查和反省，可以了解自己在某一阶段的学习成效，进而以此为依据对学习的方法和计划做出适当的调整，使自身的听力水平有效提升。在将某一阶段的听力学习任务完成后，学生需要通过一个全面、客观的评价了解自己学习计划的完成情况，了解自己的进步情况。如果有听力任务未完成，则可以通过评价找出原因，加以解决，进而使自身的听力能力不断提高。

（二）认知策略

认知策略涉及很多方面，如根据上下文、语调、主要句重音和语篇标志推断词义，通过识别关键词和关键句把握主题，记录重要的人物、时间、地点、数字等细节信息，有意识地将学生已有的社会文化知识和已有的语言基础知识与所听语言材料联系起来。

为了让学生更好地掌握、使用认知策略，教师可以创设一些听前活动。这样既可以激活学生已有的、与主题相关的图式，还可以传授一些与听力材料有关的背景知识和词句方面的语言知识。同时，教师还要让学生明白句子的重音对表达语言意义的作用，知道如何找句子的关键词、主题句，如何就已经理解的内容进行合理的推理等。

（三）情感策略

学生在学习过程中的情感状态会直接影响其学习行为与学习效果。这些情感因素主要包括学习过程中的兴趣、动机、自信、意志力、态度等积极情感，也包括焦虑、内向、害羞、胆怯等消极情感。因此，教师要充分发挥情感因素的积极作用，从而激发学生的英语听力兴趣，使之积极地参与课堂教学活动，提高教学与学习效果。

在学生听的过程中，教师要对学生的情感有所控制，如帮助他们提高兴趣、克服焦虑等。如果学生出现一些不利的情感问题的现象，如自主学习策略实践的程度不够、听力的自我效能低等，教师应该及时地运用正确、积极的心理情感策略帮助学生克服这些问题。

五、具体教学法

（一）实用听力法

1. 听新闻

鼓励学生经常听新闻，不仅可以让学生对社会热点、国家政事更加了解，还可以加强对学生英语听力能力的锻炼。因此，教师在课堂教学时也可以通过播放英语新闻促进学生形成听英语新闻的习惯和爱好，教师还应鼓励学生在课余时间也积极主动地听英语新闻。教师应引导学生在听的过程中精准把握每一个细节，鼓励学生用心听感兴趣的内容，有选择地重点听某些方面的听力材料。此外，在练习听力时，教师不应向学生施加过大的压力，应引导学生保持愉悦轻松的心态，没有负担地投入到听力材料的内容中，使学生获得更好的听力效果。

学生在听的过程中如果能抓住关键信息，那么新闻的大致内容也就基本掌握了。如果对所听的新闻非常感兴趣，那么就应获得更多的细节信息，了解每一个细节，弄清新闻内容的来龙去脉。如果所听的新闻不是自己感兴趣的，那么可以听大致的意思。这时，要注意听一些关键词，将所听到的关键词串联起来，新闻的大致内容也就清晰可见了。

2. 听通知

听通知也是培养学生听力能力的一种有效方法。因为听通知要求我们掌握每一个细节信息，而这对听力能力的提高有着重要的作用。例如，外出旅行时，离不开机场或车站的广播通知，获悉上车、登机时间或候车室、进出口等信息对于外出旅行的顺利进行至关重要。学生在听这类广播时，应掌握所有的细节。

在具体的教学过程中，教师可以为学生播放一些类似的广播，或是鼓励学生课下多听一些广播，以培养学生的听力水平。

（二）应试策略

1. 听前预览

听前预览指在正式做题之前，需要先浏览、通读一遍其中的每一个小题。做好听前预览有助于学生更好地把握听力材料的内容，在听之前预测可能听到的短文、句子或者对话，重点关注其中的地点、人名、数字等比较特别的信息。如果没有做好听前预览，一旦某道问题的答案中出现了两个或者多个十分相似的信息时，就会干扰听者原本的思路，加大听者选择正确答案的难度。教师应将听前预览的技巧教授给学生，帮助学生提高听力能力。例如，选项如下。

A. In the dormitory.　　　　B. In the school.

C. In the restaurant.　　　　D. In the classroom.

浏览上述四个选项之后便可猜到，问题肯定与场所有关，于是就有了一定的心理准备，在听的过程中就会关注与场所有关的词语。正如所预料的那样，该题目确实与场所有关。相关对话如下。

M：I'm exhausted today. I've been here in the classroom all day reading and doing my homework. What about you?

W：Not too bad. But I'm hungry now. Let's go to the restaurant, shall we?

Q：Where does this conversation take place?

上述听力材料中共出现两个地点，但经仔细分析便知，C 选项是干扰项，因为提到 restaurant 时，使用的是介词 to，据此可以轻松地选出正确答案 D。

2. 留心关键字

无论对于谁来讲，要想完全听懂一段听力材料都是有难度的，但没有听懂并不等于不能答题，有时候只听懂了其中的一部分，仍能答对问题，其中对关键词的把握十分重要。因为有些题目主要就是听关键词，抓住了关键词，问题也就解决一大半了。所以，在教学过程中，教师要经常培养学生抓关键词的能力，以显著提高学生的听力水平。例如，相关对话如下。

M：Who dealt last time? I think it's my turn to shuffle.

W：Cut the deck last time, so it must be your deal.

Q：What are these people doing?

选项如下。

A. Dancing　　　　B. Sailing a boat

C. Playing cards　　　　D. Cutting wood

只要听出关键词 dealt（发牌的过去式）、shuffle（洗牌）、cut the deck（倒牌）、deal（发牌），那么选出正确答案也就不难了。正确答案为 C。

3. 注意所提问题

在选择正确答案之前，我们首先要听懂所提问题。如果没有弄清所提问题，即便听懂了内容也不可能选出正确答案，所以弄清楚所提问题在听力训练中也是非常关键的。例如，相关对话如下。

W：John, I called you yesterday evening, but you were not in.

M：I went to the cinema with a friend of mine.

Q：Can you tell me where John went?

选项如下。

A. He went with Linda.　　　　B. He went to the cinema.

C. He went last night.　　　　D. He went by car.

在上述听力材料中，所提的问题是 where。根据所提问题，正确答案 B 也就很容易选出来了。

4. 边听边记录

英语听力设有多种测试题型，其中包括短文理解和选择题，这些题通常不是以一句话的形式出现的。因此，听力不仅是对学生听力能力的锻炼，还是对学生记忆力的锻炼。在很多时候，虽然学生在听听力材料的时候听懂了，但由于在听的过程中有太多的内容需要记忆，导致最终无法将全部听力内容全面地记下来。一旦学生记不住重点内容，情绪就会变得十分急躁，影响后续答题。因此，教师应帮助学生养成边听边记录的好习惯，学生可以记录关键词或者数字等信息，采用缩写单词的形式快速完成关键信息的记录，不影响后面内容的继续进行。在做记录时，学生需要注意下面两方面的内容。

（1）具有选择性。在记录时，有些学生试图记录所有的信息，因此对所记录的内容没有选择性。实际上，这种做法是不科学的，因为要想记录所有的内容是很难做到的。所以记录要有选择性，所记录的信息应是重要的、容易忘记的信息，如时间、地点、数量等。

（2）有效运用缩写、符号。缩写、符号等形式的有效运用可显著缩短记录的时间和减少记录的负担。因此，教师要有意识地培养学生有效地使用通用的缩写和符号的能力，以提高记录的效率。下面是一些常用的缩写和符号。

缩写：

possible—poss	teacher—teach
advertisement—ad	bicycle—bike
gymnasium—gym	photograph—photo
telephone—phone	examination—exam

laboratory—lab　　experience—exp

transport—trans

符号：

and—&　　bigger than—>

change into—→　　percent—%

第六章　应用语言学在大学英语口语教学中的应用

第一节 英语口语的教学内容

一、语音

在英语口语教学中，语音是最基础的内容。在口语表达过程中，如果语音有误，或者语调有变，很有可能引起理解困难。

例如：

A：This movie is interesting.

B1：It ↘ is.（非常肯定）

B2：It ↗ is.（可以是漫不经心的附和，也可以表示不耐烦）

B3：It ∨↗ is.（稍带责备口气）

可以看出，相同的句子，语调不同，传达的意思也不同。

具体而言，音节、重读、弱读、连读、意群、停顿、语调等语音知识都是英语口语教学的重要内容。

二、词汇

词汇是语言的核心，同样是口语表达的核心。口语表达是一种创造性技能，当合乎交际礼仪的交流框架架构起来之后，整个交流就有赖于词汇作为思想和文化的载体来填充。在学习的过程中，很多学生认为自己已经掌握了所学词汇，但在真正的交际过程中仍不会使用。如果学生的词汇问题不能得到有效解决，那么口语表达能力是难以得到提升的。所以，词汇的掌握对于口语表达而言至关重要，这也决定了词汇在口语教学中的重要性。要想切实提高学生的口语能力，教师就要从基础入手，逐步扩大学生的词汇量，为学生口语能力的提升打好基础。

三、语法

语法是语言运用的基本法则，是词汇组成句子的重要规则，要想实现沟通的目的必须构建出符合语法规则的句子，只有句子符合语法规则才可以被听者理解。所以，语法也是大学英语口语教学的重要内容。

四、会话技巧

学生在进行口语表达时，需要掌握一定的会话技巧，这样可以使交际更加顺畅。对此，教师在口语教学中应向学生传授一定的会话技巧，以帮助学生有效进行交际。

五、文化知识

除了需要掌握上述基本知识和技巧外，学生还要具有一定的文化知识，否则难以有效进行交际，所以文化知识就成了英语口语教学中不可或缺的内容。教师在口语教学中要有意识地向学生传授文化知识，这样学生在口语交际过程中才能使语言表达符合相应的文化氛围和语言环境。

第二节　英语口语的教学原则

一、循序渐进原则

口语能力的提升不是一蹴而就的，因此口语教学也应遵循循序渐进原则，层层深入，由易到难。首先，我国大学的学生通常来自全国各地，学生的英语口语多多少少会受方言的影响。对此，教师首先要接受这一客观事实，不能责怪学生。其次，教师应仔细分析学生的语音特点，了解学生在发音过程中遇到的困难并进行总结，再集中对学生进行指导。最后，教师在设计教学目标时要注意难度的把握，不能过难也不能过易，以免给学生学习口语带来负面影响。

二、科学性原则

对口语学习而言，出错是十分正常的事情，因此在学生出现口语方面的错误时，教师应以科学的态度来对待。通常情况下，在学生训练口语对话的过程中，教师应酌情忽略学生产生的不十分重要的语法问题，不要每到学生出现错误时就打断纠正，避免挫伤学生练习口语的积极性。教师可以在口语训练结束后，将学生存在的问题全部提出来，帮助学生改正。需要注意的是，即使学生在练习的过程中出现了比较重大的错误，教师也不应打断学生，而应在学生结束练习后将错误指出来，提醒学生不要再犯。

三、互动原则

口语练习本就十分枯燥，长时间进行枯燥的口语练习会对学生学习英语的兴趣造成打击。因此，为了提升学生的口语能力，教师应鼓励学生在练习口语时坚持与人互动，把握学生的练习方式、进度和效果，借助互动对话练习的方式保持学生学习口语的兴趣。此外，教师还可以设计合适的话题，引导学生围绕话题开展互动性较强的口语练习活动，促进学生之间更加积极地练习口语。

四、鼓励原则

学生在练习口语表达中难免出错，学生学习口语的过程可以说就是不断试错与纠错的过程。有的学生一旦出现表达方面的错误，就很容易出现焦虑情绪，如果不进行干预，久而久之学生就会失去对口语练习甚至英语学习的自信与兴趣。因此，教师一定要经常鼓励学生，使他们看到自己取得的进步，增强学习口语的信心。

五、多样化原则

在实际的英语口语教学过程中，多样化原则应该体现在以下两个方面。

（一）多样化的教学手段

在口语教学中，教师应努力创造一个轻松愉快的课堂环境。具体来说，教师可以尽可能地充分利用学校现有的教学设备，如录音机、多媒体，让学生通过音频、视频、图片接触地道的英语，轻松地学习英语，在此过程中逐渐提高自己的口语能力。

（二）多样化的教学方法

根据每堂课不同的教学目标，教师可以运用多种教学方法，设计不同的活动训练学生的口语，如唱英语歌曲、情境对话、故事接龙、看图说话等活动。当学生可以开口说英语后，教师应继续提高要求，着重训练其说话的流利性，并在语言的规范性、语音语调的正确性上有更高的要求，为以后的实践打下良好的基础。

六、情境化原则

语言的运用应与一定的场合、情境相结合，情境因素在口语教学中非常重要。我国的学生普遍缺少在真实的英语交流情境中进行口语训练的机会，这就需要教师在教学过程中设计多种不同的对话情境，帮助学生在英语情境中快速提高自身的英语口语表达能力。在设计英语对话情境时，教师应走进学生的日常生活，将学生的生活与口语练习情境结合起来，使学生获得亲身经历真实语境的感受，从而更积极踊跃地参与口语的训练。情境的设计可以融入社会生活的方方面面，如看电影、购物、访问亲友等，也可以结合故事、绘本等用英语讲故事。在训练口语的过程中，教师还可以结合当前情境对不同阶段的学生提出不同的要求，打造个性化的教学模式。

七、贴近学生生活原则

教师给学生布置口语任务时，一定要注意贴近学生的学习和生活。只有这样，才能激发学生开口说的动力。要做到这一点，教师需要做好三个方面的工作：一是要充分考虑学生交际的愿望和目的；二是要注意把学生感兴趣的话题与口语教学内容结合在一起；三是在设计主题或话题时，要注意其趣味性。

八、课堂教学与课外活动相结合原则

一直以来，我们的英语口语教学活动更注重课堂的教学，而忽视了课外活动。然而，课外活动是课堂教学的继续和延伸，与课堂教学密切相关。因此，教师不仅要注重课堂教学，还应该注重课外活动，为学生提供条件，指导学生在不同场合运用所学语言材料进行正确、流利的口语操练，如组织英语角、英语演讲比赛、英文唱歌比赛等，让学生通过这些课外活动复习、巩固与提高所学的知识，培养学生说英语的兴趣。

第三节　应用语言学理论下的英语口语教学方法

一、情境教学法

交流是学习英语的根本目的，也是最终目的，而交流本身需要有一定的情境依据才能进行。只有充分理解情境与口语练习的关联及情境对口语练习的作用，才能真正提升英语口语交流的能力。因此，在练习口语时，教师就应对情境的作用重视起来，在口语教学中创设口语练习的情境，使学生在真实的语境中掌握正确的表达方式。角色扮演和配音这两种方式都能有效创设英语情境。

（一）角色扮演

角色扮演是一种重要的教学手段，它能够在很大程度上避免练习的枯燥、单调、机械和重复，简单易行。角色扮演主要有三种形式：小组扮演、个人扮演以及两人结对演出。角色扮演能够充分调动学生学习英语口语的积极性，帮助学生有效提高口语表达能力，这种教学方式很受学生喜爱。教师在使用这种方式教学时，首先要创设出一定的情境，并赋予学生对应的任务角色，使学生在真实的情境中以角色的身份进行交际。通过角色扮演的方式进行教学，教师可以创设不同的情境，赋予学生各种身份角色，引导学生全身心地扮演自身的角色进行交际，在全体同学面前演示自己的角色。同时，教师可以在必要的时候做出适当的指导，但不能过分干预。当学生结束表演后，教师应客观地评价学生的表演情况，不仅要提醒学生在表演过程中存在的语法和口语表达上的不足，更多的要予以学生足够的鼓励和表扬。

（二）配音

配音教学方式对于口语教学和情境设置都十分重要。配音教学具有丰富、灵活的操作方式，教师可以直接选择消除了声音的视频材料当作配音情境，使学生结合视频内容自由发挥想象力做出适当的配音来练习口语，也可以先向学生讲解和播放视频原声，并让学生背诵台词，再让学生根据对视频的记忆，为消除了声音的视频材料进行配音。由于配音活动对学生的自由发挥和创作没有严格的限制，更能调动学生积极参与其中，还能引发学生积极表达，主动思考角色的表达方式，所以无形中使学生在各种语境下的英语口语表达能力都能得到有效的锻炼和提升。

1. 选择配音影片的原则

教师在选择需要配音的电影时，要注意遵循以下几个原则。

首先，发音要清晰、语速要适当，学生容易学习和模仿。有些电影虽然很优秀，但是角色说话语速过快，对英语水平要求较高，学生在配音时很难跟上，这就很容易打击他们的积极性。因此，教师在选择影片时要充分考虑学生的英语水平，尽量选择情节简单、发音清晰的影片供学生配音。

其次，电影最好配有英语字幕，有中英文双语字幕更好。如果没有字幕，教师可以要求学生提前将台词背下来，如果学生对电影情节比较熟悉，也可以不背。

再次，电影的语言信息含量要丰富。有些电影尤其是动作片，虽然很好看，学生也很喜欢，但是这类电影往往语言信息较少，甚至充满暴力，因此不适合进行配音工作。

最后，影片内容要尽量贴近生活。由于影片大多和人们的真实生活很贴近，语言也贴近生活，因此配起音来相对容易些，同时能让学生体会学习英语的实用性，促进他们产生学习英语的内在动机，主动练习口语。

2. 配音活动的实施

首先，教师可以选取一部电影的片段，让学生听一遍原声对白，在听的过程中教师可以适时讲解其中一些比较难的语言点。

其次，让学生再听两遍原声并要求他们尽量记住台词。

再次，教师将电影调成无声，安排学生进行模仿配音。

最后，教师对学生的配音表演进行评价，要注意多表扬和鼓励学生，并适当指出学生的错误。从实践来看，一些既有中国文化元素，情节又轻松幽默，语言也十分简单清晰的影片，如《花木兰》（*Mu Lan*）、《功夫熊猫》（*Kung Fu Panda*）等是较好的选择。

二、探究教学法

探究教学法的核心在于“探究”，它是指在英语教学中利用现代教育手段与媒介，综合多种教学资源，以学生为中心，以教师为主导，通过以学生的自主学习、自我探索和自我研究为主的方式完成语言知识和口语技能习得的教学方法。与传统教学法相比，探究教学法的显著优势在于其合作性。然而，仅仅依靠学生的自主探究完成知识的学习和技能的掌握，是不太现实的，此时教师的作用就可以充分发挥出来。由此可见，所谓的合作就是充分发挥教师的主导作用与学生的主体作用，实现教师与学生的通力合作，以达成教学目标，完成教学任务。

三、文化植入法

（一）文化植入

文化植入的概念是由广告植入衍生而来的。广告植入是指商家为了达到一定的营销目的，向舞台或影视节目中融入与其产品和服务相关联的视听品牌符号，从而达到向观众宣传产品和服务的效果，而这一方法也可以用于英语教学中。如果生硬地面向学生开设英语文化课程，学生很可能对其中深厚的文化望而却步，甚至丧失学习的动力和兴趣。但是，如果将文化巧妙地植入英语教学中，就能潜移默化地影响学生，在学生的学习过程中不断加深其对文化的了解，同时使学生产生更大的学习兴趣，从而实现口语学习效果的提高。

需要注意的是，植入并不是无原则地随意植入，需要遵循以下几个原则。

一是寻找适当的切入点。在口语教学中，教师在进行文化植入时，要注意找到一个恰当的切入点。因为文化知识背景复杂、内容繁多，找准切入点，可以激发学生对于相关文化内容的兴趣和关注，也有助于学生对口语进行学习和操练。一旦打开文化世界的大门，学生就会主动学习。

二是植入的内容在精不在多。首先，植入的内容切忌太多，否则不仅不会起到正面效果，反而可能会引起学生的反感，削弱学生对英语口语和文化学习的兴趣。其次，植入的内容要精心筛选，要符合学生的兴趣爱好，且能深入浅出，切实帮助学生提高口语水平。

三是植入的内容要服务于口语教学。文化植入的一切内容都要围绕口语教学进行，并与主题紧密相关。文化植入的最终目的是帮助学生更好地应用口语，掌握口语课的教学内容，所以文化植入的内容一定要凸显其服务功能。

（二）文化植入的方式

具体来说，文化植入的方式主要有以下两种。

1. 直接呈现

直接呈现指教师根据实际的教学内容，选择与之有紧密关联的文化主题，通过课堂教学向学生直接呈现出来，使学生理解和掌握其中的文化内容。教师可以使用多媒体设备等教学工具或手段向教学内容中导入文化主题，再将文化主题直接呈现到学生面前。例如，当学生所进行的口语练习与建筑物相关时，教师就可以借助多媒体设备向学生展示不同时代背景下的各色建筑及各类建筑具有的风格特点等，同时将对建筑的各种形容和表达方式融入教学中，帮助学生有针对性地学习知识，对所学内容有更充分、更深刻的了解，从而使其能掌握和灵活运用所学内容。

2. 间接呈现

间接呈现是指教师根据教学要求和学生实际情况，灵活设计一些小活动，如游戏、竞赛等，将文化内容有效植入这些活动中。例如，在有关商务用餐的口语表达学习中，教师要植入酒文化。在学生经过前期学习，对酒文化有一定了解的基础上，教师可以组织“抢答竞赛”的小活动。具体来说，教师可以设计一些实用又有趣的英文选择题，供学生抢答，每题结束后再结合直接呈现方式，通过图片、视频等向学生介绍该题所包含的文化内涵。这样，学生在互动中锻炼了自身的口语能力，同时拓宽了知识面。

第七章　应用语言学在大学英语阅读教学中的应用

第一节　英语阅读的教学内容

一、阅读的含义

阅读不仅仅是一种语言活动，更是一种复杂的思维活动，其本质是从书面材料中获取信息并对其进行理解，从而提取其内涵意义。在研究之初，人们简单地认为阅读是按照词的属性形式创造其声音形式的过程。随着研究的深入，越来越多的学者提出了自己不同的观点。

布龙菲尔德指出，所谓阅读就是从视觉信号到听觉信号的一种转变。随着对阅读研究的不断加深，人们对阅读的认识也更加深入。

巴雷特（ Barrett ）将阅读分为了五个过程：词组、句型的分析理解过程；信息的再组织过程；推论判断过程；知识库里调用已知知识的过程；对思想同化吸收的过程。①

我国学者章兼中认为，阅读是一种积极主动地思考、理解和接收信息的过程。它是一种积极主动地通过文字符号、语法、语义、修辞进行思考，预测意义和不断做出判断推理，并不断获得印证和修正，从而理解意思的高级神经系统的智力活动。②

胡春洞指出，阅读理解不是读者感知文字的意义，而是读者赋予文字以意义，读者之所以理解了文字，是因为他有知识体验。③

吕良环认为，阅读是读者运用自己具备的语言知识、社会文化背景知识和学习策略，在阅读中通过对书面文字符号的感知、加工而理解作者的思想和情感的心理过程。④

综上所述，我们可以将阅读理解为信息加工的认知心理过程，即对信息进行选择、分类与解释的过程。在阅读过程中，读者必须依据自己已掌握的信息、

① 吕生统，蒋菊．阅读心理学理论与英语阅读教学 [J]. 西北师大学报：社会科学版，1997(04)：78-80.

② 章兼中．中学英语教学技巧与方法 [M]. 济南：山东教育出版社，1986：5.

③ 胡春洞，戴忠信．英语阅读论 [M]. 南宁：广西教育出版社，1998：89.

④ 吕良环．外语课程与教学论 [M]. 杭州：浙江教育出版社，2003：105.

知识和经验，对语篇进行加工，从而了解整个语篇的含义。阅读过程是一个十分复杂的心理过程，所以要想提高阅读水平，读者除了要掌握一定的背景知识外，还要深入把握一些阅读策略，这样才能充分利用语篇信息，对语篇结构进行深层次的分析，进而检测自己的预测。

二、阅读的心理机制

阅读的心理机制主要包含由文字到语音再到意义，由声读到直接理解，视觉信息和非视觉信息联合并用。

（一）由文字到语音再到意义

在发展阅读能力的早期阶段，人们大多会经历这样的过程：首先是眼睛看到文字，再反映到人的大脑，形成对应的视觉影像，再引起高级神经对影像信息进行处理分析，产生语音。与此同时，听觉活动也相伴展开，最终形成人可以理解和接受的意义。音与形关联密切是汉语与英语最大的不同之一。我们对英语文字进行分析不难看出，英语的文字与语音、意义之间的分离十分明显，因此，从字母到拼写的学习过程已经成为传统英语教学模式中的固有习惯。

字母通常不具备实际意义。如果阅读时只按排列顺序逐个字母地进行阅读，是没有实际意义的。从文字到语音再到意义的阅读单位可以是词组，可以是短句，也可以是一个简短的单词。但是发音动作会影响句子的阅读，因此，阅读句子通常不会使用很快的速度。

（二）由声读到直接理解

这里的声读不仅包含出声的读，还包含不出声但声带活动的读，主要是靠唇、齿、舌等发音器官的活动，也包含内心里的默读，即这些发音器官是不活动的。这三种情况虽然程度不同，但是都没有脱离声音对读的速度的影响和制约。在初学英语时，声读的最明显形式是朗读，而朗读能够帮助读者理解文本，加深对文本的印象，是一种积极有效的读书形式。但是，朗读也存在着某些局限性，它不利于默读能力的发展。默读可以直接帮助学生理解文本的意义。因此，在大学英语阶段，教师应该着重默读的培养。

阅读心理学也指出，要读懂文字，根本不需要说出文字内容，因为这种将书面语解码为口语的过程并不能帮助学生进行直接理解。因此，有效的阅读与声读、口语、语音其实并无太大的联系，而阅读速度慢恰恰是因为采用声读或者口语的形式阅读造成的。

高效的阅读很大程度上是可以跳过“文字—声音”这一步骤的，高效阅读者只需要看到一部分甚至是少部分的文字符号就能理解整个文本，这样的阅读理解过程的速度是非常快的。目前，高校学生的阅读速度还是明显偏低的，因此在教学中应该着重这一方面的培养，尤其需要全面认识声读到直接理解文本的发展规律。

（三）视觉信息和非视觉信息联合并用

很多人认为，在读的过程中，不仅视觉信息会起作用，非视觉信息也会起到一定的作用。其中前者是指用眼睛感知文本信息，而后者是由大脑提供的，起潜在作用，它包含阅读者全部知识的总和，即文化背景知识、生活经历、逻辑常识、知识修养等。人们之所以能够一看到文本就能理解其意义，主要是因为视觉信息和非视觉信息联合并用的结果。

在非视觉信息中，最重要的是文化背景知识。尽管阅读中学生会遇到新的单词和语法知识，但是由于有充足的文化知识，他们也可以顺利地完成阅读。非视觉信息的重要意义在某种程度上否定了阅读只是同文字打交道，借助视觉进行活动的看法。因此，在训练阅读的时候，教师应该将大脑训练置于眼睛训练之上，从而培养学生从意义上理解和驾驭文字的能力。

三、英语阅读教学的目标与内容

（一）英语阅读教学的目标

1. 主要目标

能够阅读并且理解较为容易且题材较为熟悉的英语报纸文章和其他英语材料；借助专业字典能够阅读未来工作、生活中常见的应用文和简单的专业资料，并且可以掌握主旨大意，了解主题和相关细节；能够根据不同的阅读目的和阅读材料的难度，自主调整阅读速度和方法。

2. 完善目标

能阅读与所学专业相关的综述性文献，或与未来工作相关的产品说明书、机器操作手册等材料；阅读文章时能快速理解中心大意、提取关键信息、划分文章的篇章结构和挖掘文章隐含意义等；能较好地运用快速阅读技巧阅读篇幅较长、难度中等的材料；能较好地运用常用的阅读策略。

3. 发展目标

能读懂有一定难度的文章，理解主旨大意及细节；能够阅读外文报刊发表的文章，以及外文文献和材料，更好地理解逻辑结构和隐含意义；能够全面分析各种阅读材料的内容，形成自己的理解；能够正确应用一定的阅读技巧。

（二）英语阅读教学的内容

无论采用何种教学方式，教学内容都应以教学目标为出发点。英语阅读教学的目的是培养学生的阅读能力，使学生能够通过阅读英语材料获得必要的信息。因此，英语阅读教学应包括以下内容。

· 教师引导学生辨认语言符号，当阅读材料中涉及陌生词语时，教师应当教授学生一些技巧，帮助学生猜测陌生词语的意思和用法。

· 英语阅读和中文阅读类似，文本之下往往包含隐藏之意，教师应帮助学生理解文章材料中涉及的相关概念及文章中隐含的意义。

· 教师应帮助学生理解句子、言语的交际意义，带领学生共同梳理句子之间的关系，通过找到文章衔接词，理解文章各部分之间的意义关系。

· 教师应引导学生明确语篇中的指示词语所指代内容，确定文章语篇的主要观点和主要信息。

· 教师应引导学生试着从细节中理解文章的主题。

· 教师应引导学生尝试总结文章的主要信息。

· 教师应培养学生基本的推理技巧。

· 教师应培养学生跳读、览读技巧。

第二节　英语阅读的模式

一、自下而上的阅读模式

自下而上的阅读模式是一种传统的阅读理解模式，起源于 19 世纪中期。传统阅读理论认为，阅读活动是从音素、字母、音节等这些最小的语言单位开始的，先理解这些语言单位，然后理解单词、句子，最后理解段落、篇章，整个过程是一个由低到高、自下而上的理解过程，是从文字符号到文字意义的加工过程。

可以看出，自下而上的模式认为阅读是从字词的解码开始，一直到获取文本的意义为止。也就是说，阅读过程是一个从左向右对字母—单词—句子—语篇的有组织、有层次、自下而上的理解过程。对字母的识别是对单词理解的基础，对单词的理解能够促进对句子的理解，对句子的理解是进行篇章理解的重要条件。因此，在这种模式下，阅读者要想理解语篇，首先需要具备一定的语言知识。自下而上的阅读模式强调语篇本身的作用，认为学生在阅读中所遇到的问题是语言知识层面的问题，他们对于单词、句子结构等的不熟知是影响阅读理解的重要因素。传统的英语阅读教学受到自下而上模式的影响，教师对于阅读教学的安排主要是按照句子—语篇的顺序进行，由低到高、由简到繁进行教学信息的处理。在这种模式下，英语阅读教学的主要任务是提高学生的语言知识能力。

自下而上的阅读教学模式带有自身的局限性。这种教学模式虽然说明了信息加工中线性模式对于阅读研究的影响作用，但是忽视了阅读过程中各种信息间的相互作用，忽视了学生语篇外信息提取的能力。

二、自上而下的阅读模式

自上而下的阅读模式是在认知心理学的影响下发展起来的，最早出现于 20 世纪 60 年代后期。关于这一模式，多位学者进行了研究，其中以古德曼（Goodman）和科迪（Coady）的研究最具代表性。

（一）古德曼的观点

1967 年，古德曼提出了一个著名的理论，即阅读是一种心理语言学上的猜字游戏。古德曼主张，读者可以通过自身具备的句法和语义知识减少其对于语篇中书面符号与语音符号的依赖。除此之外，他还将阅读分为预测、抽样与验证和修正三个过程。

1. 预测

阅读始于学生对文章的预测。阅读理解的成功与否很大程度上取决于学生的预测能力。而影响预测能力的关键因素就是学生自身已经具有的语言知识和有关阅读材料的背景知识。

2. 抽样与验证

预测完毕后，学生会从文章中节选部分语言片段验证预测。古德曼认为，抽样的范围涉及单词读音、语法和语义三个方面。其中，单词读音信息取自书面符号，语法和语义信息要靠学生的语言能力。另外，学生的句法、语义知识层次越高，其抽样的选择性就越强。

3. 修正

抽样与验证之后，学生就会发现自己的预测是否符合阅读材料。若抽样证实了预测，学生就会作进一步的预测，否则将会根据抽样信息对预测进行修正。

（二）科迪的观点

科迪认为读者在阅读中应该处理好概念、背景知识和处理决策三个方面的能力。

概念能力，指的是读者能够将零散的阅读进行汇编与集合，从而形成概念的能力。

背景知识能力，指的是读者已经具备的常识知识以及对某一领域或话题的知识储备。

处理决策能力在整个阅读过程中都有体现，具体包括阅读技能（如略读、寻读、查读等）、句法知识、语义知识、篇章结构知识等。

科迪指出，在阅读过程中，读者的这三个方面的能力是相互作用的，需要使用逻辑思维能力进行文字的理解。

自上而下的阅读模式认为读者并不是被动接受文字意义，而是依据自身的知识进行主动的意义理解与建构。因此，自上而下模式是一种读者驱动型的阅读模式。

三、交互式阅读模式

上述两种阅读模式都是一个单向的信息处理过程。而有研究表明，阅读中的信息传递实际上是双向的。20 世纪 80 年代，埃斯特侯德（ Eisterhold ）和卡雷尔（Carrell）对认知模式提出了质疑。他们认为阅读是一个运用各种知识，进行信息加工并重构信息的双向过程。

大卫·鲁梅尔哈特（ David Rumelhart ）在《论阅读的相互作用模式》（ *Toward an Interactive Model of Reading* ）中提出了交互式阅读模式。他还指出，在阅读过程中，认知和感知同时进行，清晰和模糊得以连接。阅读始于对视觉信号的加工（自下而上的阅读模式），当语言文字被识别出来以后，学生既有的与之相关的语言知识和常识的背景图式就开始发挥作用去解释信息（自上而下的阅读模式）。由此可见，交互式语篇理解模式将阅读过程视为自上而下和自下而上两种阅读模式的结合，揭示了信息双向传递的特点，更符合认知和阅读的规律。

另外，交互式阅读模式中有一个十分重要的理论，即图式理论。图式理论最早由心理学家巴特莱特（Bartlett）提出，20世纪70年代后期被用于阅读理论的研究中。图式是指人们对于物体、事件或者情形等一般性概念的抽象表征。例如，每个人都对house的概念有一个抽象的表征，这个表征可以因为人们加上不同的修饰词而发生变化，如elegant house，squalid house，enormous house或者ramshackle house等。图式理论认为，阅读图式可以分为以下三种。

（一）形式图式

形式图式，即读者对语篇结构的熟悉程度，也就是读者的语篇知识。例如，相关研究发现，读者对于按照时间顺序或单向结构展开描写的文章的接受程度较高。这在一定程度上说明了文章结构对于读者阅读理解的影响。

（二）内容图式

内容图式，即读者对语篇内容的熟悉程度，也就是读者的背景知识。内容图式由两个方面构成：语篇中涉及的专业性知识和特定文化或亚文化的生活方式、社会制度等方面的知识。读者对于语篇的理解在一定程度上受限于自身的背景知识。如果阅读者的背景知识丰富，在阅读中便能将更多的注意力放在高级阶段的信息处理上，从而提高对语篇的理解。同时，背景知识还是对语言基础知识欠缺的补偿，从而保证读者对语篇的正确理解。

（三）语言图式

语言图式，即读者所掌握的语言知识以及对于语言的运用能力。

图式在语言理解过程中的作用十分重大，它能够说明人的理解过程。从本质上说，人类进行事物理解的实质是一种释义。在释义的过程中，参与者运用自己的图式知识，进行信息的分析、推理、对照、综合等活动，最终达到知识的运用与沟通，从而解决问题。

具体到阅读活动来说，图式理论认为，阅读对象（文章）本身不具有任何意义。意义存在于读者的脑海里，取决于读者在阅读过程中对大脑中相关图式知识的提取状况。

阅读理解就是选择和激发能够说明输入信息的图式与变量约束的过程。也就是说，阅读理解首先是输入一定的信息，然后在记忆中寻找能够说明这些信息的图式，当足以说明这些信息的图式被找到或者是某些图式被具体化以后，就产生了理解。

在理解过程中，加工的层次是循环往复同时逐步递进的。随着阅读行为的进一步加深，更高层次的图式会被激活，理解的循环就得到了更进一步的发展，产生对句子的理解以及对语段与篇章的理解。鲁梅尔哈特认为，图式在阅读理解中的一个最重要作用就是它的预期作用，读者正是依靠图式的这种预期作用在阅读中进行推理的，从而填补篇章信息本身的某些空白，并最终理解文章。相反，如果读者大脑中没有相关图式，或者虽然具备了相关图式，但是由于某些原因而未能启动，文章内容的各个方面就得不到解释说明，新的信息与已有知识无法沟通，那么这篇文章对于读者来说是不连贯的，并且是不可理解的。

第三节　英语阅读的教学原则

一、因材施教原则

每个学生都有自己的个性，学生与学生之间又存在着差异，学生的个体差异直接影响了他们的阅读进程。因此，教师应注意满足不同水平学生的不同需要，力争使每个学生都能相应地发展阅读技能。对于一些阅读成绩不佳，甚至自暴自弃的学生，教师可以先给他们简单的阅读材料，并逐步增加难度，让他们看到自己的点滴进步，还要经常表扬、鼓励他们，帮助他们重新建立起学习的信心。而对于一些基础好的学生，课堂上的阅读常常满足不了他们的阅读欲望，教师应给他们布置一些富有挑战性的阅读任务，以满足其阅读欲望，如介绍和推荐一些通俗的世界名著等读物。

总之，教师要认真分析学生情况，结合每个学生的特点，在教学中有意识地对不同的学生提出不同的要求，采取不同的方法，真正做到因人而异、因材施教。

二、层层设问原则

提问是课堂教学的必然环节，但提问应讲究一定的原则和策略，不能盲目发问，否则会影响提问的初衷。在英语阅读教学中，教师要坚持层层设问原则，提出的问题必须具有一定的层次性，问题由易到难、由浅入深，使学生通过回答简单的问题获得自信，在回答较难的问题时更愿意开动脑筋，积极思考，挑战自我，获得成功。如此一来，学生便可在教师的引导下逐步提高阅读理解的能力。例如，学生在阅读 Thomas Edison 一文时，教师可有层次地提出以下问题。

· Who was Thomas Edison?

· When Thomas Edison was five years old, he once sat on some eggs， didn't he? Why?

· Why did Edison's teacher send him away from school?

· How do you think about Thomas Edison? Why?

· What can we learn from Thomas Edison?

三、流畅与准确并举原则

在英语阅读教学中有一种普遍的现象，有的学生明明具备完善的英语知识系统和技能，然而在阅读的流畅度方面却表现得不尽如人意。这是因为他们过于注重阅读的准确性，就失去了阅读的流畅度。准确性和流畅度是阅读教学中较为鲜明的矛盾，教师一定要找到解决这对矛盾的对策，才能达成教学目标。

在阅读教学中，教师要在准确性和流畅度二者之间找到一个平衡点，帮助学生在这两个方面同步提升。实际上，提高学生的阅读速度，其目的就在于提高其阅读的流畅度。在阅读中，教师要指导学生有意识地摆脱词汇识别目标的束缚，从而将大部分的精力放在阅读材料的内容和意义上。另外，要强调的一点是，反复阅读是提高阅读速度的有效途径。教师指导学生通过反复阅读一篇文章，就会惊喜地发现学生阅读的准确性和流畅度都在不断提升，并且对于同样一篇阅读材料，快速读两遍比慢读一遍容易取得更好的效果。

四、速度调节原则

阅读速度和理解能力因人而异，既有阅读速度快、理解能力强的学生，也有阅读速度慢、理解能力差的学生。阅读速度的快慢不一定等于理解能力的好坏。

在训练阶段，教师应加强学生一般阅读技能的训练和语言的基础知识，适当控制学生的阅读速度。教师应根据教学的进程设置不同的阅读速度，在最初进行阅读教学时，可以适当放缓阅读速度，侧重对材料进行有效的理解。

当学生词汇量增加，语义、句法知识增加，语感增强和阅读技能提高以后，阅读速度自然会随之增强。这个阶段教师就可以进行相应的限时训练，加强训练的强度，进而完成阅读教学的目标。

速度调节原则的出发点就是要求教师在阅读教学过程中做到张弛有度，根据不同阶段的教学目标做相应的调整，切忌一味地追求提高速度，而忽略了学生的理解程度。

五、多多益善原则

如果说循序渐进原则是对阅读材料“质”的要求，那么多多益善原则则是对阅读材料“量”的要求。语言学习是一个漫长的积累过程，需要足够的积累才能达到质变，实现语言应用自如化。这就要求英语阅读教学必须使学生接触大量的语言材料，锻炼、总结、积累足够的阅读技巧、经验、语感等，才能够达到一定的语言理解和运用水平。因此，学生要想熟练掌握阅读技能，提升阅读理解水平，大量的练习和积累是必不可少的。

六、兴趣激发原则

兴趣激发原则也是阅读教学中不可忽视的重要原则。无论是何种学习，抓住学生的学习兴趣才能得到最好的效果，因为兴趣可以激发一个人对事物的热情，调动一个人的积极性。学生对阅读是否有浓厚的兴趣是教学成败的关键。学生对阅读产生了兴趣，便会积极主动地投入到阅读的学习中。因此，教师要注意教学内容的适当变换和教学形式以及手段的多样化，尽量避免教学活动的枯燥乏味，使阅读教学经常保持新鲜感，使学生学会阅读、乐于阅读，变被动阅读为主动阅读。

第四节　应用语言学理论下的英语阅读教学方法

一、英语阅读技巧

（一）阅读前的技巧

1. 语法以旧引新

语法知识对学生阅读具有重要的影响作用。只有语法知识掌握得扎实了，学生在阅读过程中才会通畅顺利，准确理解文意。一般来说，课文中的语法知识一般会同时出现在几个单元中，因此教师可以不断地、反复地提及重复出现或之前已经学过的语法，以帮助学生巩固知识、增强记忆。由于学习难度的自然规律，即难度是渐进、不断增强的，因此教师可以通过旧的语法知识引出新的语法知识，在学习新语法知识的时候也复习旧的语法知识。

2. 了解文化背景

学生在阅读文章时不仅是学习里面的语言知识，也是对文章涉及的时代文化知识的了解和学习。这种学习从某种程度上来说比学习语言知识本身更加重要，因为学生只有充分了解文化背景，才能真正顺利、有效地实现理解。因此，教师在阅读教学前，应向学生介绍一些与文章相关的社会文化背景知识。这不仅能使学生更好地了解阅读的内容，还能使学生学习到异域文化知识，激发其阅读的兴趣。例如，在教授与万圣节（Halloween）有关的课文时，教师就有必要在课前准备一些相关的资料展示给学生，并与学生进行相关的讨论，以唤起学生已有的知识和生活经验，激发学生的兴趣，并提问"What do you know about Halloween?"。让学生交流观后感，得出一个大致的结论："It's an autumn festival."。然后再进入课文，一步步地解决问题，这样课文也就很容易理解了。

3. 预测情节

情节预测对阅读的顺利完成也有重要帮助。预测文章情节不仅可以巩固学生对已有知识的掌握，还可以培养学生的逻辑推理能力，为学生准确地把握文章的主旨大意提供有力帮助。教师可以在课前让学生根据题目或一些关键词，大胆想象、合理预测，从而激发学生的好奇心，引发学生阅读的积极性。

（二）阅读中的技巧

阅读中的教学是整个阅读教学中最重要的环节。学生在阅读过程中会用到一些阅读技巧，教师应该及时向学生传授这些技巧，以便提高学生的阅读速度。具体来说，学生在阅读中主要用到以下一些技巧。

1. 略读

略读的目的主要是通过对文章大致内容的阅读尽快了解文章的大意。通常来说，略读只需选读每段的首、尾句，有时只要指出段落的主题句，抓住阐述主题的主要事实或细节即可。

2. 扫读

扫读不要求学生仔细阅读整篇文章，只需从上到下迅速搜索所需内容即可。这种寻找文章中的特定信息或特定词组的方法，可以有效提高阅读的速度和效率。在扫读过程中，学生可以忽略那些与题目无关的信息，积极寻找那些与题目要求相关的信息。

3. 跳读

跳读可以帮助学生快速进行语言信息的比较、筛选，而且对语言敏感度以及信息捕捉能力也有很好的促进作用。跳读多用于阅读目的比较明确时，学生只需要针对阅读目的在正文中进行相应的查找和阅读即可，其他信息可以跳过不看。例如，如果想知道在什么地点发生了何事，学生可以格外关注文章中关于方位和事情经过的内容。

4. 信息转换

为了把文章中的信息保留在记忆中，学生可以进行信息转换，从而加深印象。在阅读教学中常使用的转换方式有以下一些方式：表格、地图、图画、树形图、循环图、流程图、条形统计图、添加小标题、圆形分格统计图表、按年代顺序再整理等。

5. 寻找主题句

理解文章的关键是确定文章的主题思想，而要想确定主题思想，首先要确定主题句。主题句往往是文章大意的概括，句子结构较为简单。主题句的位置非常灵活，一般有三种情况：位于段落开头、位于段落中间、位于段落结尾。

英语的表达习惯一般先给出观点和想法，然后再对观点进行具体阐述。因此，主题句一般位于段首。主题句有时也会位于段落的中间，此时段首的句子一般是对主题的铺垫，而主题句之后的段落则是对主题的进一步阐述。有时候，主题句也会位于段尾，文章的开头部分是作者对细节问题的描写，并根据内容逐层概括出文章的主题。但是在某些文章中，尤其是多段文章中，无论是段首、段尾还是段中，我们都很难找到明显的主题句，实际上这类文章的主题句是融入了段落中，需要学生仔细捕捉文章细节，概括文章大意。

6. 推理判断

阅读少不了推理判断活动，因为不是所有所需信息都能从文章字面上看出来。推理判断对学生的要求较高，它是一种深层阅读要求，学生应以理解全文为基础，以各个信息为出发点，对文章逐层进行分析，最后准确地推断总结出文章的中心思想。推理判断主要有直接推理判断和间接推理判断两种。直接推理判断相对简单，它要求学生大致了解文章的意思，并根据所提供的信息合理地推断文章的结论。间接推理判断则比较复杂，学生要自己观察、推理，根据文章的深层内涵推测作者的态度和文章的主题等。

（三）阅读后的技巧

在英语阅读教学中，阅读后的阶段也是一个重要环节。阅读后的环节是对知识的巩固过程，教师应及时设计一些与课文内容有关的活动，为学生提供能充分发挥其创造力和想象力的机会，让他们自如地表达读后的感受。概括来说，阅读后的教学方法主要有以下几种。

1. 复述

复述的前提是学生对阅读材料有了一个大致的了解，并清除了生词障碍。教师可以让学生根据图片和关键词复述阅读材料的大致内容。

2. 转述

转述主要针对的是对话性的语篇。教师可以引导学生使用第三人称将对话性的语篇转述为描述性的语篇。

3. 填空

填空是指学生在阅读完某篇文章之后，教师将文章的大体内容写出来，并在关键信息或细节部分留出空白让学生填补。学生在填写这些内容时，既可以巩固阅读的内容，又可以提高自己的语言组织能力。需要注意的是，教师要保证所留空的答案最好是可以用不同词和短语来填写的，进而有效提高学生的知识运用能力。

4. 写作

这里的写作是指阅读材料的续写和仿写，对学生水平要求较高。具体做法是，教师可让学生根据课文内容写作文章的摘要。如果课文是叙述性的文章，教师可以安排学生续写文章，以培养学生的发散性思维，扩展学生的想象力。

二、语篇教学法

语篇教学法是英语阅读教学中的一种重要教学方法。根据图式理论，当学生对某一体裁、题材的语篇材料有所了解后，就会对其可能涉及的内容、遣词造句、框架结构有一个整体的认知，下次再遇到这类阅读材料时，就能将脑海中对应的图式调出来以辅助阅读理解。因此，英语阅读教学应该是从整体入手，然后到局部，最后再回归到整体的一种阅读教学方法。下面就对语篇教学法的具体实施情况进行介绍。

（一）解析语篇体裁

对特定的语篇体裁有所了解，有助于对文章内容进行合理、快速的预测。从某种意义上来看，篇章结构的语篇分析是语篇教学的重点，因为这样不仅可以培养学生的阅读理解能力，还可以提高学生的语言综合运用能力。

在英语阅读教学中，阅读材料的体裁是多种多样的，但归纳起来，英语阅读材料多以记叙文和说明文为主。记叙文主要包括故事、传奇、传记等，说明文主要涉及科学技术、自然灾害、环境保护、饮食文化等。

在进行记叙文阅读教学时，教师要引导学生了解记叙文的特点，让学生据此进行阅读，同时要提醒学生注意事件发生的过程，引导他们抓住文章的主要内容，从而使他们准确理解文章内容。此外，教师也可以帮助学生记忆文章中的某些细节信息，以使学生根据这些信息来复述文章，减轻学生理解和复述课文的困难。

在进行说明文阅读教学时，教师首先要让学生对说明文有一个整体的了解，包括说明文的性质、说明文的描写重心等。教师还可以按照解释、对比、举例、数字、分类和因果等对说明文做进一步的分类，以使学生深入地理解和把握说明文的特性以及写作展开的手法。

（二）激活背景知识

背景知识对语篇的正确理解有着重大的意义，因为它是理解一定语篇必须具备的外部语境。背景知识的激活有助于学生对文章的深层理解，也有助于掌握文章的中心思想和把握作者的写作目的以及思想倾向。其中，激活背景知识的一种有效手段就是提问。

（三）进行整体理解

词句知识是语篇学习的基础，更是培养语篇阅读理解能力的基础，所以语篇教学除了篇章结构、相关背景知识，还包括词句知识。同一个单词处于不同的句子中会有不同的含义，句子也是如此，同一个句子处于不同的语篇中也会表达不同的含义和交际功能。所以，句子也必须放到具体的语境中去考察，脱离了语境的句子就无法确定其交际功能。英语阅读教学不应仅局限于句子层面，而应突破句子的范围，着眼于句子在整个语篇当中的作用。

总体来讲，如果不影响阅读理解，在处理词、句子和语法时没有必要逐句释义，要培养学生依据上下文揣测词义的能力，使学生能够在语篇的基础上把握词句含义，将词句回归到语篇语境当中。

（四）逐段消化吸收

在这一环节中，教师要将课文中的语言点，如常见短语、句型以及固定搭配等提炼出来，指导学生造句练习，以使学生能够熟练掌握和运用。

需要注意的是，这一环节的实施要遵循精讲多练的原则，教师还要有意识地向学生说明段落主题句经常出现的位置、段落的构成、每一段在语篇中的作用等，以使学生从整体上理解和把握各个段落的意义及作用。

（五）综合训练巩固

将所学知识内化为语言技能，将语言技能转化为英语交际能力是语篇教学的主要目的。所以，当学生对语篇的内容、结构以及融合的知识有了一定的了解和掌握之后，教师就要有意识地引导学生进行整体吸收和运用，鼓励和指导学生根据篇章所提供的信息进行交际活动，如转述、缩写等，围绕作者观点进行讨论，围绕重点词汇和句型进行说、写活动等，让学生处在交际的情境中，训练学生的语言表达能力，培养学生的实际交际能力。

三、交际教学法

所谓交际教学法，即运用交际的策略来培养学生的阅读理解能力。交际教学法对英语阅读教学有两个意义：一方面，交际教学法能充分调动学生的积极性、主动性，既能活跃课堂气氛，有利于自由愉快、灵活多变学习方式的创建，又可以开阔学生的思维，有助于学生交际能力的形成；另一方面，学生在获得交际能力的同时，也能检查和提高自己分析、归纳、总结的能力和阅读理解的能力。

下面是交际阅读教学法的具体实施步骤。

首先是预读环节。当发现学生的阅读面比较狭窄的时候，教师可以在预读环节，从学生熟悉的日常话题着手，引出主题、列出关键词句，使学生充分联想和想象，以引起学生兴趣。学生在回答各种问题的过程中，就会了解到与文章相关的背景知识。

其次是阅读环节。阅读环节可以让学生快速阅读课文并回答问题，掌握文章主旨思想，也能加深学生对课文主题的理解，对各段落大意、段与段之间的联系和文章的整体结构的把握。

最后是读后环节。教师在读后环节可以设计一些检验学生是否获得课文主要内容和信息的练习，通过回答一系列问题，学生会加深对文章主题的理解。

在阅读教学过程中，教师还可以采用角色扮演、情境对话等方法巩固学生所学词汇、语法。在课堂上，师生要尽量运用英语进行交际。

四、文化讨论法

在阅读教学中，教师可以适时导入文化知识，将英语文化分为若干细小的主题，定期组织学生针对特定的主题进行讨论，并在此过程中给予及时的监督和指导。经过讨论和头脑风暴，学生不断积累文化背景知识，可以有效地解决某些跨文化交际问题。不同的文化主题，学生把握和讨论的难度不同。教师首先要确定一个合适的可以引起学生兴趣的主题，另外还要在整个讨论过程中处于支配和控制地位。随着讨论的主题数量的增多，学生掌握的文化背景知识也相应地增多。所以，教师应该循序渐进地增大文化主题的难度。文化讨论法的具体作用如下。

（一）锻炼学生的逻辑思维

面对一个话题，学生只有认真分析、思考，才能得出有说服力的结论。面对同一个文化主题，学生会形成不同的观点，得出不同的结论。通过不同结论的比较，学生自然而然地就发展了自己的逻辑思维能力。

（二）发展学生的交际能力

在讨论中，语言表达是一个关键环节。讨论就是对话。只有将自己的思想用语言清晰地表达出来，对方才可以理解，进而给予适当的回应。思想在交际者之间来回传递，就是交际的过程。

（三）逐步增强学生获得更多文化背景知识的信心

只要学生认真思考、分析、得出结论，并在讨论中自由地表达自己的见解，就会体验到一种满足感，他们了解文化的信心也会增强。

五、导入内容法

（一）多样化导入

多样化导入包括两个方面：导入内容的多样化和导入形式的多样化。

第一节 大学英语写作教学现状

在新的时代背景下，作为英语教学中的重点以及核心，写作教学不容忽略，写作对学生的英语思维能力、理解能力、表达能力是一个较大的挑战和考验。有的学生掌握的英语词汇量比较多并且精通语法，但是在写作的过程中却无从下手，这一问题的出现主要在于学生的语言应用能力较差，难以实现活学活用，难以实现主动分析，个人谋篇布局的能力不足。针对这一现实问题，教师需要重新调整教学思路，注重对正确教育理念的分析、研究，坚持有效的教育理论指导，不断激发学生的写作欲望，鼓励学生自由发挥，确保学生能够写出优质的文章。英语教师需要始终坚持实事求是的教育教学原则，关注学生在写作中所遇到的各类困境。目前，大学英语写作教学主要存在以下几个问题。

首先，有的学生出现了松懈的心理。在进入大学学习之后，学生的学习压力较小，自主实践的机会比较多，自由时间逐渐增加，因此，有些学生自主学习能力呈现下降的趋势。对于自控能力较差的学生来说，会丧失自学的动力，出现学习偏差。

其次，有的大学生个人的英语应用能力较差，还没有打下扎实的基础，无法真正精通这门语言，个人的综合素质发展速度较慢。这一点在写作上体现得非常明显，有的学生无从下手，个人的分析能力、理解能力以及表达能力停滞不前。

最后，有些教师所采取的学科教育策略不够科学，难以给予学生更多练习的机会，长此以往学生就会逐步丧失自主学习的兴趣和动机。有的学生对英语写作的认知和理解还不够深刻，缺乏主动学习的积极性，个人的认知能力和认知水平不高，对英语写作的认知存在许多偏差，个人的动机不足，因此，整体的课堂教学质量和教学效率不尽如人意。

第二节 应用语言学理论下的英语写作教学策略

在大学英语写作教学中，教师需要了解学生的个体差异，关注学生在英语写作中的真实情况，分析学生的学习兴趣，鼓励学生自由发挥，同时要结合学生的学习能动性来指导学生、鼓励学生，确保应用语言学与英语写作教学紧密结合，真正实现大学英语写作教学的深化改革以及进一步突破。

一、以应用语言学导入课程内容

课前导入是课堂教学的第一步，会直接影响学生的学习质量和整体的教学水平。传统的大学英语写作教学直接以简单的理论知识讲解为核心，无视学生的自主实践，最终导致学生比较消极和被动。为了更好地体现学生的学习能动性，教师要结合学生的学习成长轨迹，引导学生自由发挥，关注学生在自主学习中所遇到的困境，结合应用语言学导入不同的课程内容，让学生能够顺利掌握英语写作学习的技巧。有些学生缺乏具体的英语学习语境，因此个人的学习能动性不足。针对这一现实问题，教师要根据学生的自由发挥情况，结合学生的学习能动性积极创新课堂导入的方式和策略，在指导和鼓励学生的同时培养学生良好的学习与行为习惯，确保学生能够更多地收获和成长。教师要以英语教学大纲为依据，积极丰富课前导入的内容和形式，始终坚持应用语言学的理论基础，不断开阔学生的写作视野，丰富学生的英语文化知识积累，以此进一步提升英语写作教学的质量和水准。

二、以应用语言学设置教学目标

教学目标是整个课堂教学的重要线索和依据，明确科学的教学目标有助于教学改革，尽量避免教学遗漏和教学偏差。教师要注重课前准备工作，精准定位教学目标，关注应用语言学的理论指导要求，提升学生的语言应用能力，着眼于学生的语言学习认知情况，了解第二语言学习的相关要求，帮助学生全面掌握英语写作能力。在全球化趋势快速发展的今天，英语写作的价值呈现不断上升的趋势，教师在设置教学目标时要关注英语写作，提升学生英语写作能力的相关要求，鼓励学生主动利用英语来实现顺畅的表达以及沟通，这一点是学生适应未来社会发展的刚需。

英语语言应用能力的培养基础非常关键，教师要加大对英语写作教学的投入和支持力度，关注大学英语写作教学目标，明确学生应用语言知识学习的相关要求，实现英语写作教学内容和形式的有效拓展。例如，开展形式多样的英语写作比赛活动，全面锻炼学生的写作能力，确保英语写作的高效性和针对性，使学生能够实现学以致用、举一反三。

三、利用应用语言学设置教学模式

不同教学模式所发挥的作用有所不同，教师要以分级教学模式为依据，利用应用语言学来制订教学方案，确保教育教学模式的针对性和创造性。学生学情的分析是分级教学的关键，这一点也是分级教学得以实施的前提。教师要始终坚持因材施教的教育教学原则，全面了解学生的英语写作能力，逐步发展学生的英语实际应用能力，鼓励学生在自主写作的过程中大胆想象、自主创新，全面发展学生的学习能力和英语理解能力。在大学英语写作教学中，英语语言学的应用势在必行并且成效显著。英语教师要了解应用语言学的优势和作用，掌握这一理论的使用要求，在指导和鼓励学生的过程之中，创新英语学科教学模式以及策略，确保学生能够实现灵活调整以及主动学习，对英语写作有一个全新的认知，全面提升个人的英语写作水平。

第三节　应用语言学理论下的英语写作教学意义

一、激发学生的写作意愿

学生才是课堂教学中的主体，写作离不开学生的自主写作意愿，只有确保学生产生由内而外的学习动机，才能够真正提高写作教学的质量，学生也能够掌握适合自己的写作技巧。应用语言学能够为学生的英语写作提供更多的指导，学生也能够产生更多的写作动机。英语应用语言学主要以学理研究及知识应用为依据，教师要在此基础上灵活调整英语写作教学策略和方向，将形式多样的英语写作教学活动融入课堂教学中。目前，许多高校结合英语写作教学困境，将语言学理论贯彻于整个英语写作教学的始终，确保学生能够意识到英语写作的重要性和乐趣，在自主学习的基础上提升个人的写作能力和写作水平。教师要了解目前英语学科教学的现实困境，关注应用语言学理论的合理利用要求，深层次地了解学生的写作心理以及学习要求，通过对学生客观需求的分析积极转变传统的教育教学模式，更好地满足学生的学习需求，提高学生的主观能动性和学习积极性。

二、改革教学模式和教学方法

教学模式和教学方法的改革是一项大的工程，所涉及的内容和形式比较复杂，对教师个人是较大的考验和挑战。与中学阶段的英语教学相比，大学英语教学更加复杂，课时安排比较宽松，对学生的自学能力提出了一定的要求。英语应用语言学有助于教育教学模式和方法的改革，能够进一步加快英语写作教学的进度。教师可以灵活地调整教育教学思路，根据不同的教育教学理论要求，在创新写作教学指导方式的基础上，严格围绕不同的教学主题开展形式多样的英语写作训练活动。鼓励学生灵活运用不同的词汇和语法，掌握适合自己的写作技巧及写作思路，学生个人的学习能力就能快速提升。另外，以应用语言学为基础的大学英语写作教学有助于教学改革，教育教学的内容和形式变得更加丰富、多元，学生的知识应用能力和掌握能力有了明显的提高，学生迸发出更多的思维灵感，教师的教育教学压力有所缓解。

三、有助于培养学生写作自信心

当学生产生更多的自信心时，他们就会变得非常主动。在大学英语学科教学改革中，很多教师以应用语言学为重要的理论指导，将这一理论全面渗透进英语写作教学之中。学生的写作能力有了明显的提升，由此提升了学习自信心。目前的英语教学改革工作比较复杂，出现了非常明显的两极分化现象，一部分学生的学习基础相对比较薄弱，难以自主写作，而对于一些学习基础较强的学生来说，他们能够自主参与不同的学习活动，主动抓住提升个人写作能力的机会。教师要根据循序渐进的教育教学原则，通过对写作教学知识以及纲要的分析研究来指导学生、鼓励学生，让学生变得更加主动和积极。在应用语言学理论指导下，整个教育教学资源的使用效率有了明显的提升，学生能够在自主写作中获得更多的成就感，因此，学习自信心高涨，教育效果明显。

第九章 应用语言学在大学英语翻译教学中的应用

第一节　英语翻译的教学内容

英语翻译的教学内容具体包括以下几个方面。

一、翻译基础理论

翻译基础理论知识的内容非常多，如对翻译活动本身的认识、翻译的含义、翻译的标准、翻译的分类、翻译的过程、翻译对译者的要求、工具书的运用等，这些都属于翻译理论知识范畴。

学习翻译基础理论知识有很多益处，它可以帮助学生从宏观上确定组织译文的思路。如果确保正确的译文思路，即使有一些细微错误，也便于学生修改译文。

二、英汉翻译技巧

翻译技巧是为了保持译文的顺畅，在遵循原文内容的前提下，对原文的表现手法或方式加以改写的方法。翻译技巧有直译、意译、音译、增译、省译、正译、反译、套译等。在翻译学习的过程中，学生应掌握这些翻译技巧，以提高翻译的质量。

三、英汉语言对比

英语翻译的教学内容还包括英汉语言对比，主要涉及两个方面的内容：一是进行语言层面的对比，如词法、语义、句法、篇章等的对比，使学生掌握英汉语言的异同；二是思维、文化层面的对比。这些层面的对比可以帮助学生在翻译时恰当、准确地传递原文的信息。

四、培养学生推理的意识和能力

英语翻译中的推理并不是译者凭空想象出的，而是基于文本的内容和结构。具体来说，学生看到文本的内容后，可以根据他们现有的经验、语言结构、逻辑联系、语境等进行推理，这些推理往往可以为学生提供一些额外的信息，这样学生对原文的理解也会更深刻、更全面，译文质量也会得到提高。但需要指出的是，无论哪一种推理技巧，都必须建立在正确识别语言结构内容的基础上，否则推理就变成了毫无根据的想象。脱离了原文，译文的可信度也就无从谈起了。

五、引导猜词教学

学生的词汇量及其对词汇的掌握将影响概念能力的形成。所谓概念能力，是指在理解原文的过程中，将语言中的零散信息升华为概念的能力。词汇影响概念能力的形成，概念能力反过来影响理解，最终影响翻译质量。这就是为什么词汇储备量和猜测生词的能力成为英语翻译教学的关键。在英语翻译教学中，教师应该向学生介绍一些常用的猜词策略。

（一）结合实例猜测词义

有时下文中列举的例子会对上文提到的某个词语进行说明、解释，这就为学生提供了猜词的线索。

（二）根据构词法猜测词义

词汇的构成是有规律可循的。掌握这些规则后，学生可以快速猜测一些生词的意思。因此，教师应传授学生构词法的知识。

（三）利用信号词猜测词义

所谓信号词就是指在上下文中起着连接作用的词语，这些词语对于生词的猜测有着重要的意义。

（四）通过换用词语猜测词义

英语语篇有时使用具有相同或相似含义的不同单词来表达相同的含义，以避免单词的单调和重复。此时，学生可以使用相对简单的同义词或者近义词来推测生词的含义。

第二节　英语翻译的教学原则

一、循序渐进原则

翻译活动应当遵循由浅入深、循序渐进的原则，所选的语篇练习也应该是先易后难。从篇章的内容来看，应该从学生最熟悉的内容开始；从题材来看，应该从学生最了解的题材入手；从语言本身来看，应该从浅显一点的渐渐到难一些的文本。这样由浅入深，学生们学习起来自然会有信心，并逐渐培养起对翻译的兴趣与热爱。

二、翻译能力与批评能力相结合原则

翻译教学要提高学生的翻译能力，这是翻译教学的基本宗旨。而在培养学生翻译能力的同时，我们还要注意提高学生的翻译批评能力。培养翻译批评能力有助于学生对自己的翻译成果做到心中有数，同时能从别人的成果中汲取经验，促进自身进步。因为学生能够对别人的译作进行翻译批评，也就能对自己译作的优劣心知肚明了。所谓批评能力，是指要对别人的译作进行客观的评价，既要点评优点，也要批评缺点，还可以对错误的地方进行修正。总之，培养学生的翻译批评能力有利于学生学习他人的长处，并反思自己的错误，避免以后再犯相同的错误。

三、体裁丰富原则

当今社会迫切需要实用型、综合型的翻译人才，因此，翻译练习的材料应该做到多样化和系统化。教师在教学过程中要遵循体裁丰富原则，让学生接触不同的文体，进行有针对性的训练。具体来说，翻译的文体应该涵盖各种实用文体，如广告、新闻、法律、影视、科技、文学等。此外，每一种文体的练习都不是孤立进行的，教师可以将学生翻译中的常见问题进行归纳与总结，如果某类翻译问题在某种文体练习中出现得比较多，那么教师要及时进行解决，帮助学生更顺利地进行翻译训练。

四、学以致用原则

学以致用原则可以理解为实践原则，教师应遵循这一原则，尽可能地为学生创造机会，如安排学生到翻译公司参与实际的翻译工作。翻译的好坏最终取决于译文读者的反馈，译作能否被接受要看是否符合客户的需求。英语翻译教学不是封闭的，而是实践性很强的。学生在正式从事翻译工作之前，能有机会进行一定的社会实践锻炼是非常有必要的，这对他们毕业以后能更快融入新的工作环境大有裨益。

第三节　应用语言学理论下的英语翻译教学方法

一、英语翻译策略法

这里的英语翻译策略主要是从文化角度分析的，因为翻译与文化密不可分，译者在翻译过程中要掌握一定的文化翻译策略，如此才能灵活处理文化问题，避免产生误译甚至错译等，造成不良后果。具体来说，英语翻译主要有以下几种策略，教师在英语翻译教学过程中要多引导学生进行练习。

（一）归化

所谓归化策略是指将源语表达形式进行省略，替换成译入语的地道表达形式。

（二）异化

异化策略是指译者保留源语的文化以及尽量向作者的表达方式靠拢的翻译策略。

一些词汇原本在汉语或英语的语言系统中是不存在的，后通过异化策略翻译，使一些具有浓郁异国文化特色的词语不断被不同文化背景的人们所接受，并广泛传播与运用。

（三）归化与异化相结合策略

归化与异化作为两种基本的翻译策略是美国翻译理论家劳伦斯·韦努蒂（Lawrence Venuti）在《译者的隐身》（*The Translator's Invisibility*）中提出来的。由于归化与异化是相对而言的，且二者各有优点，因此长久以来翻译研究者对归化与异化孰优孰劣的问题一直争论不休。

事实上，二者是对立统一的关系，都存在着各自的适用范畴。尤其是在翻译实践中，译者会发现在一些语境中仅仅采用归化或异化都是不可行的，都无法将源语的真实内容与意义传达出来，这时最好的办法就是将二者相结合，即采用归异互补策略。总之，要想成为一名好的译者，首先要能够在运用归化策略与异化策略时，找到二者之间的折中点，然后根据这一折中点，对原作进行仔细品读，进而采用合适的策略进行翻译。译者需要将原文的底蕴弄清楚，然后从翻译目的、作者意图等层面考虑，谨慎地对翻译策略做出选择，这样才能把握好翻译的分寸。

（四）文化调停策略

文化调停策略是指将一部分文化因素省略不翻译，甚至将全部文化因素省略不译，直接翻译其中的深层含义。

（五）文化对应策略

文化对应策略是指采用目的语文化中知名的事件、人物等，对源语文化中的内容进行解析与诠释。例如，在中国，梁山伯与祝英台的故事家喻户晓，但对西方人来说，根本不知道这二人到底是谁，也就无法对他们的故事产生共鸣。在翻译中，如果译者将其译为“中国的罗密欧与朱丽叶”，那么西方人就很容易明白是什么意思了。

二、图式法

所谓图式就是一些知识的片段，它以相对独立的形式保存在人的大脑记忆中，对言语的理解其实就是激活大脑中相应的知识片段的过程。根据图式理论，人从出生开始就在与外部世界接触的过程中逐步认识周围的事物、情景和人，同时在头脑中形成不同的模式。围绕不同的事物和情景，这些认知模式就逐渐形成了有序的知识系统。作为人的头脑中关于外部世界知识的组织形式，图式是人们赖以认识和理解周围事物的基础。因此，将图式引入英语翻译教学中具有十分重要的意义，因为它可以成功地激发学生头脑中与文本相关的信息，使学生对原文有一个正确的理解。

在具体的翻译过程中，教师可以为学生提供一些语言材料，这些材料需要激活图式才能正确理解，然后要求学生根据这些材料进行翻译。同时，教师要帮助学生记忆语言的形式和功能，调动相关的图式，以帮助他们修正和充实对事物的认知图式。

三、英语翻译技巧

（一）直译法

直译法不仅是所有翻译类型中常用的方法，也是文化翻译过程中译者可以选择的主要方法。具体来说，直译法就是译者在目的语中选择与源语语言相对应的词语和表达方式翻译出源语文本中体现的文化内容。这种做法可以尽可能地保留源语文化的特征，有利于读者开阔文化视野，了解源语文化。

例如：

原文 1：他一家子在这儿，他的房子、地在这儿。他跑？跑得了和尚跑不了庙。

译文 1：Escape? But his home and property can't escape. "The monk may run away, but the temple can't run with him!"

在第一个示例中，在翻译汉语俗语"跑得了和尚跑不了庙"时，译者采用的就是直译法。一方面保留了源语文本中"和尚""庙"的形象，生动地展现了源语文本想要表达的含义；另一方面较好地传递了源语所包含的文化信息。

又如：

原文 2：让每个干部和领导者懂得"水能载舟，亦能覆舟"。

译文 2：Every cadre and leading official should know that "while water can carry a boat, it can also overturn it".

在第二个示例中，"水能载舟，亦能覆舟"原本论述的是古代的君王与大臣之间的关系，在这里用来喻指人民群众和干部、领导的关系。译者在此处没有省略原文中的"水""舟"文化意象，也没有按照其潜在的比喻义来翻译，而是直接将这个短语表面的含义翻译了出来。这种方式既保留了词语的语言意义，也体现了词语的文化特征。译文读者结合上下文语境就能正确理解作者的意图。

原文 3：凡事不患难，但患无备。所谓磨好了斧子才能劈开柴。

译文 3：The thing we have to fear is not the difficulty itself, but lack of preparedness, just as only a sharpened ax can cut through firewood.

在第三个示例中，"磨好了斧子才能劈开柴"是一个俗语，出自人民群众的日常劳动生活，十分接地气。此处译者并没有对"斧子"和"柴"的内在含义进行解释，而是采用直译法使表达生动简洁，加上良好的语境环境能帮助译文读者理解词语的文化内涵，因此不用再增添任何文字。

（二）意译法

在很多翻译实践活动中，由于两种不同语言的表达方式和文化内涵差异较大，目的语中缺少能有效表达源语中具有文化色彩的词语，且采用其他方法也无法很好地表达源语文本中的文化内涵。在这种情况下，译者就适合采用意译法进行翻译。采用意译法进行翻译时译者往往不用考虑源语文本的语言形式和字面含义，而是应该把翻译源语信息的意义作为首要的翻译目的。这个方法的缺点就是可能会造成源语文本承载文化内涵的缺失，即这种翻译方法可能会使源语文化意象受损。

例如：

原文 1：In fact， that was a Greek Gift to him.

译文 1：事实上，那是图谋害他的礼物。

在第一个示例中，Greek Gift 这一表达出自希腊神话中的“木马计”这一故事，其文化含义为“图谋害人、意图不轨”。如果采用直译法进行翻译，翻译后的句子就是“事实上，那是给他的希腊礼物”。很显然，这样的翻译会使读者感到不明其意、难以理解。

又如：

原文 2：芹儿啊，你便狠狠地说他一顿……还打发个人到水月庵，说老爷的谕：除了上坟烧纸，若有本家爷们到他那里去，不许接待。（《红楼梦》第九十四回）

译文 2：“As for Chin， you must give him a good talking to...And send word to Water Moon Convent that， on the master’s order， they’re not to receive young gentlemen from our house except when they go to sacrifice at one of the grave there.”(杨宪益、戴乃迭译）

在第二个示例中，“烧纸”在中国是一个流传已久的民间习俗，人们通常采用这种方式祭祀亡灵、怀念先人。由于这种习俗是中国独有的，西方国家没有这种说法，所以译者就不能将“烧纸”直译为“burn pieces of paper”，这样只会给西方读者带来疑惑。而英语中“sacrifice”一词有祭祀、供奉的含义，用在此处正合适。

（三）省译法

省译法也是在文化中经常使用的一种策略，具体的操作方法就是删除或省略一些不必要的语言表达，这些语言表达的作用往往是使句子读起来更有趣味，并不传达具体的意义。省略法从根本上来说是为了避免表达内容重复、信息冗余，是为了使译文更加简明扼要、突出重点。

例如：

原文 1：三十六计，走为上计。

译文 1：The best stratagem is to quit.

在第一个示例中，“三十六计，走为上计”本来是汉语中的一个成语，出自《南齐书·王敬则传》：“檀公三十六策，走是上计。汝父子惟应急走耳。”原指在战争中士兵、将领如果遇到对自己十分不利的形势时就逃走，现多用于日常生活、工作中，当人们遇到对自身发展不友好的局面时就选择暂时退出，保存实力，以求日后重新来过，或寻求其他出路的心态。根据以上分析可知，“走为上计”是该源语表达的重点，译者因此选择性地省略了对“三十六计”的翻译，突出了句子的重点含义。

又如：

原文 2：我们就是要用政府的“痛”换来企业的“顺”，让企业轻装上阵，提高竞争力。

译文 2：We will use this painful adjustment on the part of government to ensure that things will be much more convenient and easier for our businesses to enhance their competitiveness on the market.

在第二个示例中，“轻装上阵”的原意是古代上战场作战时不披盔甲，此处的含义是希望企业摆脱负担，向前迈进。此处译者就不需要再指出这里的负担是什么，此时采用省译的翻译策略将这句话翻译为“让企业的竞争变得更加方便、容易”是合适的。

原文 3：我的想法是，为了推动中墨关系加快发展，必须趁热打铁、乘势而上。

译文 3：I think it is important that we build on the positive momentum to boost the growth of China- Mexico relations.

在第三个示例中，“趁热打铁”“乘势而上”属于近义词，趁热打铁和乘势而上都是含有中国文化特色的成语表达。趁热打铁的本义是就着铁烧红的时候锻打，比喻抓紧时机，加速进行；乘势而上指利用有利的形势而加紧完成某事。这两个词属于信息上的重复表达，原文用在一起是为了强调中国和墨西哥的合作关系应该抓紧时机，加快进行。这体现了汉语重表达气势的特点。此处选择省略译法是考虑到英语表达注重简洁特点，也体现了翻译的忠实原则。

（四）音译法

几乎每一种文化中都有自己特有的物象，这些物象体现在两种语言的转换过程中就是在源语文化中存在的物象表达在目的语中是“空缺”或“空白”的现象。此时采用音译法将这些特有事物的表达复制到目的语中是比较合适的做法。采用音译法对文化词汇、短语进行翻译，能最大限度地把文化中的语言特点和文化特色保留下来，也能给听者留下深刻的印象。

例如：

原文 1：这些印有福娃的邮票非常有纪念意义。

译文 1：The stamps printed with Fuwa are commemorative.

在第一个示例中，北京奥运会的吉祥物“福娃”最早的翻译其实是“Friendlies”，这个翻译在当时受到了大家的质疑，因为关于福娃的文化特色完全被磨灭了，也无法体现汉语的文化内涵。而吉祥物一个很重要的功能就是要体现奥运会主办国的国家及民族特色，因此这个翻译没有得到奥委会的认可。为了体现中国的文化特色，最后翻译组采用了“Fuwa”这个翻译方案。

原文 2：作为传统文化的一个组成部分，太极拳与哲学、医学、兵学、美学等有着密不可分的联系。

译文 2：As a part of the traditional culture， Taijiquan is closely related to philosophy， medicine， military tactics， aesthetics， etc.

在第二个示例中，太极拳作为中国传统武术的重要组成部分，逐渐受到了众多国外友人的关注和喜爱。太极拳曾经翻译为“Shadow boxing”，这个名字对于外国友人对太极拳的理解有很大的误导作用。如今，“Taijiquan”这个名称已得到了国外友人的普遍认可，因为这个词语很有中国文化的特色。

汉语拼音这种翻译方式除了能传播中国文化外，还丰富了英语的语言词汇系统，具有时代感强、内容新颖等诸多优点，值得翻译界的支持和推广。

在中西方语言文化交流与发展过程中，无论是将英语翻译成汉语，还是将汉语翻译成英语，都有很多使用音译法翻译成功的案例。

例如，英译汉：

show　秀

cool　酷

Benz　奔驰

Ford　福特

yoga　瑜伽

Muse　缪斯

bungee　蹦极

再如，汉译英：

馄饨　wonton

烧麦　shaomai

（五）借译法

由于不同民族所处的地理环境、居住条件、历史、风俗习惯以及宗教信仰不同，因此面对同一种事物或同一类事件，不同的民族会有不同的理解和认识，这种现象在语言文化上的体现就是在两种不同的语言中会存在字面意义不同，但语用意义相同或相近的词语或短语。在文化翻译的过程中，如果遇到这种语言文化差异，译者可以使用借译法借用目的语中具有相同文化色彩的词语或短语表达源语中的一些内容。

这种现成的译法表达地道，能快速被目的语读者理解。同时在口语交际过程中该方法可以提高交际双方的效率，节省译者的精力。如果没有现成的译法，在合理的条件下套用英语中某些短语的表达句式也是可行的。

例如：

原文 1：当前改革需要解决的问题都格外艰巨，都是难啃的硬骨头。

译文 1：The problems we face in the current phase of reform are especially difficult. They are hard nuts to crack，so to speak.

在第一个示例中，“hard nuts to crack”是非常地道的英语习语，表示“棘手的问题，不好解决的问题”，正好对应“硬骨头”这一汉语俗语。

原文 2：关起门来以邻为壑，是解决不了问题的。

译 文 2：The closed door and beggar-thy-neighbor policies cannot resolve problems.

在第二个示例中，“以邻为壑”出自《孟子》的“是故禹以四海为壑。今吾子以邻国为壑”。“壑”的意思是深谷、深沟。整个成语的基本含义是当洪水灾害来临时，有些国家把邻国上好的田地当作排水的沟坑，把本国的洪水引到那里去，后比喻有些人为了自己的利益不顾他人的安危，把问题或者灾祸转移到别人那里。如果采用直译法就会比较费事且读者不容易理解。英文中的

“beggar-thy-neighbor policy”指本国采取的政策行动尽管对本国经济很有好处，却损害了其他国家的经济利益。该短语的深层含义与“以邻为壑”十分类似，因此可以采用借译的方法代指其意。

其他类似的表达还有以下例子：

笑掉大牙　laugh off one’s head

胆小如鼠　as scared as a rabbit

如鱼得水　like a duck to water

打草惊蛇　wake a sleeping dog

（六）增译法

增译法也可以称为解释性翻译法或者补充法，这是翻译时需要采用的最基本的策略之一。采用这种方法的主要原因是在源语文本中经常会有一部分内容是具有文化色彩的历史事件、人物或典故，而译者在翻译的过程中，是以源语为基础的，为了使听者能更好地理解目标语所要表达的含义乃至文化内涵，有时需要对源语的一些历史背景、人物信息或其他不清楚的内容进行解释。这样既能保留源语的文化色彩，又方便读者的理解。

例如：

原文 1：The staff member folded like an accordion.

译文 1：这个工作人员就像合拢起来的手风琴似的——不吭声了。

在第一个示例中，源语文本巧妙地利用闭合的手风琴来形容沉默的工作人员，因为手风琴作为一种外国常见的乐器，在其演奏发声时是需要打开的，如果用手将琴体合上，它就会停止发声。对于不了解这一乐器的中国读者来说，如果译者只翻译成“这个工作人员像合拢的手风琴”，可能会让他们感到疑惑，而当译者增加了对合拢手风琴的解释之后，读者理解起来就容易多了。

原文 2：我们会始终高度重视“三农问题”，也会高度重视如何保护工人合法权益的问题。

译文 2：All in all， we will continue to give very high priority to all issues related to agriculture， farmers and rural areas. And we will also pay very high attention to protecting the lawful interests of workers.

在第二个示例中，“三农”问题一直是中国政府非常重视的问题，这一表述的内涵中国人也非常熟悉，但目的语读者可能由于不了解中国国情而不了解这个问题。“三农”中的“农”有三层含义，分别是“农业”“农民”“农村”，这三层含义无法用一个词概括，所以需要译者用解释的方法说明这个词的含义所在。

（七）图表法

图表法就是指运用图表对复杂的事物关系进行对比，随后进行阐释的方法，这种方法直观形象，比较好理解，特别适用于对人物关系和事物之间的内在联系进行清晰的阐释。例如，在中国传统神话中，古人把天空分为东、西、南、北四宫，分别以青龙（苍龙）、白虎、朱雀、玄武（一种龟形之神）为名。实际上是把天空分为四部分，以每部分中的七个主要星宿连线成形，以其形状命名。青龙为东方之神，白虎为西方之神，朱雀为南方之神，玄武为北方之神。因此当译者对中国神话中的四大神兽及其之间的位置关系进行翻译时，就可以使用图表法，如图 9-1 所示。

图 9-1　中国四大神兽位置关系翻译

（八）零译法

零译法是一种比较新颖的翻译方法。与传统的直译法、意译法、增译法等翻译方法相比，这一方法更为省时、省力，也让目的语读者更容易记忆和把握。在文化翻译过程中，译者可以适当采用这一方法，促进源语言与目的语之间的交流。

例如：

EQ　情商

VS　对阵

FAX　传真

VIP　贵客

HR　人事部门

DVD　激光视盘

iPad　苹果牌平板电脑

其中，iPad 一词就是十分典型的例子。采用零译法不仅能帮助目的语读者准确地理解该科技术语，还有助于目的语读者接受该事物。

四、常见的英语翻译教学方法

（一）阐明翻译中的文化差异

文化是一个复杂的整体，包括知识、艺术、道德、法律、习俗、宗教信仰以及人们作为社会成员所获得的任何技能和习惯。它是人们后天学习获得的。

文化代代相传，文化特征使不同地区和国家的人们在价值观、人生观、道德观、思维方式、宗教信仰、风俗习惯等方面产生了巨大差异。

两种语言的文化差异往往比语言本身造成更严重的理解障碍。因此，为了可以在两种语言之间进行有效翻译，除了了解两种语言之外，还需要深入了解两种文化之间的异同。

1. 地理位置的差异对文化差异形成的影响

我国位于北半球，处在亚欧大陆的东南部，东临太平洋，西北深入亚欧大陆，全国约有 90%的土地处于温带和亚热带，具有鲜明的大陆性季风气候特点。而英国地处西半球，属于北温带，是海洋性气候。这一巨大差异决定了每年给英国人带来春天讯息的是西风。所以对于英国人来说，西风是温馨的，雪莱的《西风颂》正是对春天的讴歌。而在中国文化中，西风则不免给人萧瑟、悲凉、让人伤怀之意，正如“昨夜西风凋碧树，独上高楼，望尽天涯路”。（《蝶恋花》晏殊）在中国，东风是春天的象征，正如“等闲识得东风面，万紫千红总是春”。（《春日》朱熹）因此，人们总是将“东风”视为吉祥之兆，古语道：“万事俱备，只欠东风。”

在中国，人们常把“南”的方位放在前面，例如，“南来北往”“从南到北”等，而英美人理解汉语中的“从南到北”则用“from north to south”来表达，“北面的房间”在英语中则说成“a room with a southern exposure”。又如，在方向性的表达中，“东南”“西南”“东北”“西北”在英语表达中与中文表达正好相反，即为“southeast”“southwest”“northeast”“northwest”。

2. 习俗文化差异

风俗文化是指民族风俗在日常社会生活和交往活动中形成的文化。例如，在中国结婚时，新娘总是喜欢穿鲜红色的衣服，所以红色在中国习俗中意味着幸运和庆祝。而在西方，新娘通常穿着白色婚纱参加婚礼。又如，在中国尽人皆知的传统京剧中，画上白脸的人物，往往是为了表明他是个奸佞的小人，而英语中“a very white man”则表示的是非常忠实可靠的人。

3. 历史文化的差异

对历史典故的误解和费解往往是由于对这个国家和民族历史文化的不了解而产生的，要进行恰当的翻译，首先应了解它们的历史背景。例如，“八仙过海，各显神通”译为“Like the Eight Immortals crossing the sea，each showing hispowers.”，并在后面注明“the Eight Immortals：the eight immortals of Taoism in Chinese folk lore.”。又如，“东施效颦”这一成语典故，在中国几乎是家喻户晓，但对于对中国文化知之甚少的外国人来说，光从字面翻译中是无法了解其文化内涵的，因此，将其翻译成“Tang Shih imitates Hsi Shih.”，还要在后面注明“Hsi Shih was a famous beauty in the ancient kingdom of Yueh. Tang Shih was an ugly girl who tried to imitate her way.”。

4. 思维方式的差异

不同的思维方式决定了语言的不同表达方式和风格。汉语的思维方式是因果循环式，而西方人的思维方式是线性单方向。例如：在中国，很多人认为两个人结为夫妻是前世有缘，所以今生才相聚。而在西方，结婚只是两个人相爱的延续，不存在原因和结果。所以，汉语习惯以动作的执行者作为句子的主语，而英语则常把陈述的重点放在行为、动作的结果或承受者上，并以此作为句子的主语，所以英语中的被动语态要比汉语使用的频繁得多。例如，

English has been studied for 3 years off and on at the spare time school.

我们已经在夜校里断断续续地学了三年英语了。

Plastic bags full of rubbish have been piled in streets.

人们把装满垃圾的塑料袋子堆放在街上。

在上面两个句子中，英语表达是基于动作接受者的主语，句型是被动语态，翻译成汉语应该遵循汉语习惯，将动作的执行者作为主语，使用主动语态。翻

译的时候，理解这种思维方式的差异可以使译文真实自然。

中西思维的差异也体现在表达方式上。英语强调直截了当的表达，在表达思想时要清楚，率先说出自己的观点。而汉语，习惯于从侧面说明、阐述外围的环境，最后点出中心。在语言表达上表现为英语句式结构多为前重心，头短尾长。例如，“Research had been centered on the improvement of natural building materials before synthetics were created.”。而汉语句式结构多后重心，头大尾小。上句英语翻译成汉语为“材料造出之前，研究工作集中在改进天然建筑材料上”。

总之，两种语言之间的翻译不仅是两种语言的传播和交流，而且是两种文化的碰撞。作为英语翻译教师，应引导学生，除了掌握两种语言外，还必须对两种文化都有透彻的学习和理解，不仅要停留在字面层面上，也要提高文化意义的层次，使翻译在语言上更准确，在文化上更贴切。

（二）多元文化意识的培养

1. 重视不同文化背景知识的传授

英语翻译教学中，涉及语言背后中国与外国两个国家的文化，教师如果只从翻译技巧和词汇、语法、句法等字面层次来教授翻译内容，忽视从文化差异方面进行分析和判断，往往会导致学生学习翻译效果不佳，难以达到预期的教学效果，甚至有可能出现误解和误译。

例如，在翻译“I got a photo from Jackson with his John Hancock behind as a token of our friendship.”时，学生可能直接翻译为“杰克逊送了我一张背面写有约翰·汉考克的照片作为我们友谊的信物”。这种翻译方式乍看没有问题，但是其实学生已经出现误译现象。实际上，之所以出现误译源于他们对 John Hancock 这个人名背后的历史文化背景不了解。John Hancock 是美国独立战争时期的一位领袖人物，他在《独立宣言》上第一个签下了自己的名字。为了表明自己反对英王统治和建立一个独立国家的政治立场，他的签名的字迹醒目，甚至比宣言的主要起草人 Jefferson 和 Franklin 等人的签名大两倍还多。由于他是《独立宣言》的第一个签名者，而且他的签名又独具特色，后人便用他的名字 John Hancock 代指“亲笔签名”。因此，这句话的正确译文应为：“杰克逊送了我一张背面有他亲笔签名的照片作为我们友谊的信物。”

又如，美国《时代周刊》曾把尼克松访华说成是“Nixon’s Odyssey to

China”。“Odyssey”原为古希腊诗人荷马的一部英雄史诗，描写英雄奥德赛在率领希腊联军攻陷古城特洛伊之后所经历的一段漫长而艰辛的归程。源于这个故事，在英语中“Odyssey”成为漫长历程后最终取得成功的意思。在这里用“Odyssey”来比喻中美关系正常化所经历的一段漫长过程，不能不说意味深长。但是，如果学生不了解这个故事，就难以翻译出“Nixon’s Odyssey to China”的真正意思。因此，教师在教学中必须多引入不同社会文化的背景知识，加强自身文化修养，引导学生培养文化的敏感度。

2. 进行不同文化差异对比

在英语翻译教学中，一方面，可以加强对其他国家文化背景知识的传授；另一方面，通过对不同国家之间文化差异的对比，来提高学生的多元文化意识。

例如，在翻译“这位小姐，德行温良，才貌出众，鲁老先生和夫人因无子息，爱如掌上明珠”时，可以翻译为“I know the young lady，and she is virtuous，gentle and beautiful. Because Mr. and Mrs. Lu have no son，they treat her like the apple of their eye.”。短语“the apple of one’s eye”来自《圣经》。古时候，人们注意到眼睛的瞳孔像苹果，便把瞳孔称为“apple of the eye”，由于它是人身上宝贵的东西，所以英语用它来指代珍贵或宠爱的人或物，与汉语“掌上明珠”的含义类似。虽然“apple”与“明珠”形象不同，但英语读者对“the apple of one’s eye”非常熟悉，所以翻译时应充分了解不同语境中的文化差异，通过对比教学来增强学生多元文化的意识。

3. 进一步加强本国语和文化的学习

英语翻译教学的一个重要目标，是促进中外文化交流的均衡发展，学生可以通过翻译向外国人展示中国优秀的文化，并准确地向中国人展示外国文化和事物。

例如，在将中国旅游景点翻译成英语时，旅游景点的介绍往往包括中国的历史、地理、民族风俗等方面，这就要求译者具备丰富的文化知识，准确、恰当地将翻译中涉及的中国传统文化元素传达给读者，让外国游客了解旅游景点的文化内涵，同时也向外国游客传播中国文化。因此，在英语翻译教学中，教师应鼓励学生增强汉语表达能力，加强对中国文化的学习和了解，进一步培养学生对本国文化的认同感和自豪感。

（三）注重翻译中的跨文化意识

随着文化全球化的深入，以前无法翻译的文本都能流畅、通顺地译出。从翻译技巧角度看，倘若译者能够挖掘某些语句的文化内涵而不是逐字翻译，便能从整体上把握原文要义，译文文本能使读者一目了然。

1. 表达意义的融合

面对同一个意象，来自不同文化的人们观点未必一致。比如，汉语可能会用“鼠”作为喻体形容胆小的人，正如成语“胆小如鼠”一样。在英语中，同样形容胆小的喻体却是“chicken”（鸡）或“hare”（野兔），因而他们会用“chicken-hearted”或“as timid as a hare”形容胆小懦弱的人。同样的意思在不同的文化中会用不同的意象表达，在翻译中，需要通过意译而不是直译表达。

2. 文化渗透和语言适应

随着政治、经济、社会和人类生活的发展，文化渗透已成为一种普遍现象，并且对语言语法、句子的结构和语篇的组成产生了重大影响。正如语言适应理论所说，语言应用的过程是一个不断选择的过程，在此期间，语言的应用必须适应交际的社会语境。为了适应语境，需要考虑诸多因素，主要是心理素质、社会情境和物质世界条件等相关因素。

（四）积极开展网络教学

当前，英语翻译教学仍然采用传统的教学策略和工具。随着科技、经济和社会生活发生了重大变革，传统的教学策略和工具已无法更好地提高学生的翻译技能。基于此，教师应积极探索新的翻译教学策略和学习工具，并加以实践。

互联网是一种对信息进行传播、整理、分析、搜寻的技术，其主要任务是传递信息。互联网上存储着大量信息，这些信息和资源会随时更新。因此，在翻译教学中，教师应充分发挥互联网的优势，将网络作为翻译课堂教学的补充。既可以实现由教师现场指导的实时同步学习，也可以实现在教学计划指导下的非实时自学，还可以实现使用电子邮件、网上讨论区、网络通话等手段的小组合作型学习等。

此外，由于翻译课堂的时间有限，教师还需要开展一些对学生有益的活动，以增加其文化知识，提高其翻译水平，如要求学生阅读英文著作、杂志，看英语电影、电视，听广播等。

参考文献

[1] 张丽霞 . 现代语言学及其分支应用语言学的理论与实践研究 [M]. 北京：中国大地出版社，2019.
[2] 郭慧莹 . 应用语言学理论视阈下高校英语教学实践研究 [M]. 北京：冶金工业出版社，2020.
[3] 于根元 . 应用语言学理论纲要 [M]. 北京：华语教学出版社，1999.
[4] 訾韦力 . 应用语言学理论在英语教学实践中的应用研究 [M]. 北京：中国轻工业出版社，2015.
[5] 李瑛，王莲，田召见 . 认知语言学理论与应用 [M]. 北京：中国经济出版社，2019.
[6] 刘振聪，刁慧莹 . 应用语言学前沿研究：理论、方法与实践 [M]. 北京：旅游教育出版社，2020.
[7] 刘曦 . 基于多维视角的英语语言学理论探索与应用 [M]. 北京：新华出版社，2019.
[8] 刘笑明，刘龘 . 语言学——理论与应用 [M]. 天津：南开大学出版社，2013.
[9] 刘繁，王扬 . 认知语言学理论与应用研究 [M]. 北京：北京交通大学出版社，2015.
[10] 北京市语言学会 . 语言学的理论与应用（二）[M]. 北京：商务印书馆，2010.
[11] 赵金铭，北京市语言学会 . 语言学的理论与应用 [M]. 北京：商务印书馆 , 2004.
[12] 于根元 . 应用语言学的历史及理论 [M]. 北京：商务印书馆，2009.
[13] 唐永辉，黄慧 . 应用语言学理论研究 [M]. 哈尔滨：东北林业大学出版社，2017.
[14] 王金巴 . 应用语言学的理论与实践 [M]. 太原：山西人民出版社，2017.
[15] 朱吉梅 . 协同创新下的大学英语教学研究与实践 [M]. 杭州：浙江大学出版社，2017.
[16] 李争鸣 . 大学英语教学探索与实践 [M]. 北京：对外经济贸易大学出版社，2013.
[17] 闫冰 . 听、说、读、写、译——基于提高综合应用能力的大学英语教学研究 [M]. 成都：电子科技大学出版社，2016.
[18] 刘燕 . 文化与大学英语教学 [M]. 北京：科学技术文献出版社，2020.
[19] 蔡玲 . 大学英语教学实践探索 [M]. 长春：吉林文史出版社，2021.
[20] 李晓玲 . 大学英语教学方法研究 [M]. 西安：陕西科学技术出版社，2020.
[21] 余玲 . 文学翻译与大学英语教学 [M]. 北京：中国原子能出版社，2019.
[22] 周建萍 . 大学英语教学行动研究 [M]. 北京：旅游教育出版社，2019.

[23] 丁睿 . 大学英语教学发展研究 [M]. 长春：吉林人民出版社，2019.
[24] 孙琳 . 大学英语教学设计与有效教学 [M]. 长春：吉林大学出版社，2020.
[25] 李红霞 . 大学英语教学研究 [M]. 天津：天津科学技术出版社，2017.
[26] 冯建平 . 新时代大学英语教学研究 [M]. 长春：吉林大学出版社，2020.
[27] 周保群 . 大学英语教学模式与课程建设研究 [M]. 重庆：重庆大学出版社，2020.
[28] 张献编 . 大学英语教学理论及实践应用 [M]. 武汉：中国地质大学出版社，2020.
[29] 邝增乾 . 大学英语教学的情感因素研究 [M]. 长春：吉林人民出版社，2020.
[30] 朱飞 . 大学英语教学中的翻转课堂 [M]. 长春：吉林大学出版社，2020.
[31] 黄儒 . 大学英语教学模式研究 [M]. 哈尔滨：黑龙江教育出版社，2018.
[32] 杜璇 . 文学素养与大学英语教学 [M]. 长春：吉林美术出版社，2018.
[33] 柯宁立 . 大学英语教学分析研究 [M]. 天津：天津科技翻译出版公司，2018.
[34] 朱金燕 . 大学英语教学改革探索 [M]. 武汉：中国地质大学出版社，2018.
[35] 刘蕊 . 大学英语教学的发展：思考与创新 [M]. 北京：九州出版社，2019.
[36] 王晓静 .ESP 视角下大学英语教学研究 [M]. 北京：中国原子能出版社，2019.
[37] 张茂君 . 当代大学英语教学与文学的融入探究 [M]. 长春：吉林大学出版社，2019.
[38] 胡敏捷 .PI 理论与大学英语教学方法探索 [M]. 北京：中国纺织出版社，2019.
[39] 张铭 . 当代大学英语教学理论与研究 [M]. 北京：九州出版社，2019.
[40] 刘政元 . 大学英语教学改革与创新实践 [M]. 长春：吉林出版集团股份有限公司，2019.
[41] 薛燕 . 基于教学改革的大学英语教学实践 [M]. 延吉：延边大学出版社，2018.
[42] 于建刚，谭慧 . 艺术类大学英语教学与研究 [M]. 北京：文化艺术出版社，2020.
[43] 丁丽红，韩强 . 当代大学英语教学的认知研究 [M]. 北京：中国书籍出版社，2018.
[44] 陶涛 . 大学英语教学有效性问题研究 [D]. 武汉：华中师范大学，2015.
[45] 张建佳 . 大学英语教学融合性价值取向及其实现研究 [D]. 重庆：西南大学，2018.
[46] 贾振霞 . 大学英语混合式教学中的有效教学行为研究 [D]. 上海：上海外国语大学，2019.
[47] 秦玉清 . 大学英语教学提高学生思辨能力的有效方法的实证研究 [D]. 青岛：中国海洋大学，2014.

[48] 仇慧 . 基于翻转课堂模式下的大学英语教学的研究 [D]. 大庆：东北石油大学，2014.

[49] 刘静 . 大学英语教学中大学生批判性思维品质的实证研究 [D]. 重庆：重庆大学，2013.

[50] 许元娜 . MOOC 资源在我国大学英语教学中的应用研究 [D]. 大庆：东北石油大学，2016.

[51] 夏敏 . 翻转课堂在大学英语教学中的运用 [D]. 上海：华东师范大学，2016.

[52] 严婷婷 . 大学公共英语学习需求与课程设置及实施效果研究 [D]. 上海：华东师范大学，2017.

[53] 罗娟 . 转型背景下四川新建本科院校大学英语教学问题研究 [D]. 成都：西南民族大学，2017.

[54] 庞艳 . 多元智能理论在高校艺术专业大学英语教学中的应用研究 [D]. 长春：长春师范大学，2016.

[55] 田苏 . 大学本科公共英语教学改革研究 [D]. 武汉：华中师范大学，2017.

[56] 赵丽丽 . 混合学习在大学英语教学中的应用研究 [D]. 兰州：西北师范大学，2007.

[57] 杜鹃 . 大学英语教学质量保障体系研究 [D]. 武汉：武汉理工大学，2008.

[58] 杜亚莉 . 基于多元智能理论的大学英语教学研究 [D]. 济南：山东师范大学，2009.

[59] 刘蓉 . 学生与教师对比视角下大学公共英语教学改革研究 [D]. 南沙：湖南师范大学，2011.

[60] 李刚 . 形成性评估在大学英语口语学习效果评估中的应用研究 [D]. 重庆：四川外国语大学，2014.

[61] 李淑君 . 主题式教学模式在应用型本科院校大学英语教学中的应用研究 [D]. 桂林：广西师范大学，2014.

[62] 隋晓冰 . 网络环境下大学英语课堂教学优化研究 [D]. 上海：上海外国语大学，2013.

[63] 李振仙 . 四、六级改革对大学英语教学的影响及对策研究 [D]. 长春：东北师范大学，2007.